AF233723

LE

DROIT INTERNATIONAL PRIVÉ

DANS LA LÉGISLATION ITALIENNE

PAR

Pietro ESPERSON

Professeur à l'Université de Pavie.

Extrait du *Journal du Droit international privé*, 1884.

PARIS

MARCHAL, BILLARD ET CIE

LIBRAIRES DE LA COUR DE CASSATION, 27, PLACE DAUPHINE.

1885

LE
DROIT INTERNATIONAL PRIVÉ

DANS LA LÉGISLATION ITALIENNE

PAR

Pietro ESPERSON

Professeur à l'Université de Pavie.

Extrait du *Journal du Droit international privé*, 1884.

PARIS

MARCHAL, BILLARD ET CIE

LIBRAIRES DE LA COUR DE CASSATION, 27, PLACE DAUPHINE.

1885

LE DROIT INTERNATIONAL PRIVÉ

DANS LA LÉGISLATION ITALIENNE (1)

TITRE TROISIÈME.

CONFLITS DE LÉGISLATION RELATIFS AUX ACTES DE LA VIE CIVILE.

CHAP. II. — *Actes judiciaires.*

SOMMA RE. — 101. Différence entre la juridiction gracieuse et la juridiction contentieuse.

102. La compétence et les formalités de procédure sont réglées par la loi du lieu où est jugée l'affaire.

103. Application de ce principe.

104-106. Dans quels cas l'étranger peut-il assigner ou être assigné devant les tribunaux italiens en matière contentieuse.

107. Critique de l'art. 106, n° 2 du Code de proc. civ. italien.

108. Comparaison de cet article avec l'art. 14 du C. civ. français.

109. Le principe admis par le législateur italien pour les contestations entre étrangers diffère de celui consacré par la jurisprudence française.

110. Devant quelle autorité judiciaire doit être portée l'action personnelle, réelle ou mobilière, dans le cas où l'étranger réside, demeure ou est domicilié en Italie?

111. Compétence relative aux mesures conservatoires. — Saisie.

112. A qui appartient-il de prononcer sur la validité, la révocation ou la confirmation de la saisie?

113. Autres mesures conservatoires ou provisoires.

114. Jurisprudence italienne.

115. Les modes de preuve des obligations sont réglés par les lois du lieu où l'acte a été passé.

116. Application de ce principe à la preuve résultant d'un acte authentique. — Légalisation diplomatique ou consulaire.

117. Déclaration des gouvernements austro-hongrois et italien au sujet de cette légalisation.

118. Application de ce même principe aux actes sous-seing-privé.

119. A l'admissibilité de la preuve testimoniale;

120. A la capacité requise pour tester;

121. Aux présomptions;

122. A l'aveu judiciaire et extra-judiciaire;

---

(1) V. *Journal* 1879, 1880, 1881 et 1882 pour le commencement de l'étude et les renvois.

175. Il n'est susceptible ni de révocation ni de pourvoi en cassation.

176. Il est susceptible de tierce opposition.

177. Juridiction gracieuse.

178. Actes de cette juridiction.

179. L'étranger peut obtenir l'exercice des actes de juridiction gracieuse à son égard.

180. Comment est réglée l'exécution des sentences de juridiction gracieuse prononcées en pays étranger?

181. Cette exécution doit être régie par les règles établies pour les actes authentiques reçus en pays étranger.

182. Quel doit être, dans ce cas, l'objet de l'examen du tribunal qui rend le jugement d'*exequatur*?

183-187. Dispositions de la législation italienne relatives à l'exécution des commissions rogatoires émanant des autorités judiciaires étrangères.

188. Comment est réglée la transmission des commissions rogatoires adressées par les tribunaux italiens aux tribunaux étrangers.

190-194. Dispositions consacrées par le droit international positif en vigueur entre l'Italie d'une part, l'Autriche-Hongrie, la République de Saint-Marin, le Grand-Duché de Bade, la Russie, la France et la Roumanie d'autre part.

195. Les voies d'exécution des sentences et des actes étrangers sont réglées par la loi du lieu où elles sont employées.

101. *Différence entre la juridiction gracieuse et la contentieuse.* — Après avoir exposé les règles relatives à la solution des conflits des législations relatifs aux actes extrajudiciaires, il nous reste à exposer celles qui ont pour objet les actes judiciaires soit de juridiction contentieuse, soit de juridiction gracieuse. La juridiction contentieuse a pour objet l'examen et la solution d'affaires litigieuses : elle aboutit à une décision sur des intérêts opposés, après un débat contradictoire entre les parties, dont l'une a cité l'autre devant le juge compétent. La juridiction gracieuse, au contraire, s'exerce dans les affaires qui ne donnent lieu à aucune contestation, et dans lesquelles l'autorité investie de cette juridiction, sur l'instance d'une seule personne ou de plusieurs personnes d'accord entre elles, accorde une autorisation, supplée par son assentiment au défaut de capacité civile de la personne qui sollicite cet assentiment, ou bien constate un fait d'une façon authentique.

102. *Compétence et formalités de procédure.* — *Lex fori.* — Nous nous occuperons d'abord de la juridiction contentieuse. Le législateur italien, dans l'article 10 des dispositions préliminaires du Code civil dit que « la compétence et les formes des procédures « sont réglées par la loi du lieu où est rendu le jugement ». C'est

la consécration du principe unanimement reconnu par tous les auteurs et toutes les jurisprudences, que l'autorité judiciaire devant
laquelle est porté le litige, pour déterminer sa compétence et pour
indiquer les formes de procédure qui doivent être suivies, ne peut
appliquer d'autres dispositions législatives que celles qui émanent
de la souveraineté de l'État qui lui a confié l'administration de la
justice, quoique les faits qui lui sont soumis se soient accomplis
sous l'empire d'autres lois et bien que les parties appartiennent à
une nationalité étrangère. C'est là une garantie de la souveraineté
et de l'indépendance politique de tout État, dont le droit public serait atteint si ses juges pouvaient appliquer des lois émanant des
législateurs étrangers et différentes des siennes propres, pour ce
qui a trait à la compétence et aux formes de procédure, en d'autres termes aux formes appelées par les auteurs *litis ordinatoriæ*.
La compétence et ces formes n'appartiennent pas au droit privé de
l'étranger, droit dont l'application est obligatoire, mais au droit public, dont les dispositions ne peuvent pas dépasser les frontières de
l'État du pouvoir souverain duquel elles émanent. Cela est tellement
vrai qu'il n'y a pas d'exemple d'une nation qui ait accordé un effet
quelconque sur son territoire aux lois étrangères relatives à la procédure (1).

103. *Application de ce principe.* — Par application du principe
consacré par le législateur italien, on devra décider d'après les
dispositions du Code de procédure civil italien si une affaire doit
être déférée à la juridiction ordinaire, ou bien à une juridiction exceptionnelle, telle par exemple qu'un tribunal de commerce. Les
mêmes dispositions serviront à régler les formalités de la citation,
le délai pour comparaître, et devront de même être appliquées pour
décider si l'affaire doit être instruite d'après les règles de la procédure ordinaire ou d'après celles de la procédure sommaire ; pour
déterminer les formes de la rédaction et du prononcé du jugement,
les conditions nécessaires pour que ce jugement passe en force de
chose jugée, et tout ce qui se rapporte aux délais et aux formes de
l'appel et des autres voies de recours contre les jugements.

104. *Cas où l'étranger peut être assigné devant les tribunaux italiens en matière contentieuse.* — La compétence étant réglée par la
lex fori, c'est d'après cette loi qu'on décidera dans quel cas l'étranger pourra s'adresser aux tribunaux italiens, ou pourra être traduit devant ces mêmes tribunaux appelés en matière de juridiction
contentieuse à connaître d'une question litigieuse. Nous nous occu-

____

(1) V. Fœlix, *cit.*, t. I, n° 125; — Massé, *cit.*, t. II, n° 712.

perons d'abord du cas où l'étranger est demandeur et ensuite de celui où il est défendeur.

Dans tous les pays civilisés on admet l'étranger à citer un national devant les tribunaux locaux, pour obtenir l'exécution des obligations contractées par le national, soit dans son pays, soit en pays étranger. Le législateur italien n'a pas, à l'exemple des autres législateurs, consacré par une disposition expresse ce droit de l'étranger (1); mais il l'a reconnu par la disposition générale en vertu de laquelle l'étranger est admis à jouir des droits civils attribués au national, et par conséquent, comme nous l'avons déjà dit dans la première partie de cette étude (voir § 9), est appelé à bénéficier du plus précieux et du plus important de ces droits, de celui d'obtenir justice, tout aussi bien que les nationaux, à l'encontre de ses débiteurs, sans distinguer s'ils sont Italiens ou étrangers.

C'est par suite de l'assimilation de l'étranger au national pour la jouissance des droits civils, qu'ainsi que nous l'avons encore dit, il n'est pas assujetti en Italie à fournir la caution *judicatum solvi*, exigée par presque tous les autres législateurs, excepté dans certains cas, de l'étranger qui veut traduire en justice un national. Ces législateurs ont voulu garantir les nationaux contre les procès téméraires des étrangers. Ils ont pensé, en effet, que les étrangers après avoir été déboutés de leur demande, pourraient éviter de fournir aux demandeurs les moyens de recouvrer les frais du procès et les dommages-intérêts qu'ils auraient été condamnés à payer à ces derniers. C'est là une éventualité que l'on peut craindre même dans les procès entre nationaux, puisqu'un national peut être traduit en justice par un autre national insolvable. Il n'y a, dès lors, aucune raison pour créer un privilège en faveur du national qui est cité en justice par un étranger.

105. Considérons maintenant l'étranger comme défendeur. En d'autres termes, examinons dans quel cas il peut être cité devant les tribunaux italiens. Aux termes de l'article 105 du Code de procédure civile. « L'étranger qui n'a pas de résidence dans le « royaume peut être cité devant les autorités judiciaires du royaume, « bien qu'il ne s'y trouve pas : 1° s'il s'agit d'actions ayant pour « objet des biens immobiliers ou des biens meubles existant dans le

---

(1) L'article 15 du Code civil français est ainsi conçu : « Un Français « pourra être traduit devant un tribunal de France pour les obligations « par lui contractées en pays étranger, même avec un étranger. » Cette disposition a été reproduite dans les divers Codes qui ont été rédigés sur le modèle du Code civil français. (V. Fœlix, t. I, n° 128.)

« royaume. » Dans le cas où il s'agit de litiges entre nationaux, par suite de la fiction juridique que les meubles sont considérés comme inhérents à la personne du propriétaire, l'action *réelle mobilière* est assimilée pour ses effets à l'action *personnelle*. En effet, l'article 90 du même Code pose en principe que l'une et l'autre action sont exercées au lieu du domicile, de la résidence ou de la demeure du défendeur. Au contraire, lorsqu'il s'agit d'un étranger, l'action *réelle mobilière* est assimilée pour la compétence non pas à l'action *personnelle*, mais à l'action *immobilière*, et il peut être cité en Italie non seulement à raison des immeubles, mais encore à raison des biens meubles qui y existent, bien qu'il n'ait ni domicile, ni résidence, ni demeure en Italie. Borsari fait avec raison remarquer qu'une nécessité incontestable a fait restreindre la fiction sus-énoncée relativement à l'étranger. La frontière qui sépare un État d'un autre État, sépare, pour ainsi dire, la personne de l'étranger des biens qui existent dans cet État. D'autre part, les meubles qui appartiennent à l'étranger peuvent être saisis et le national ne peut pas être privé de cet avantage, lorsqu'il est forcé de rechercher son débiteur dans des contrées éloignées (1).

2° S'il s'agit d'obligations qui ont leur origine dans des contrats ou des *faits* qui ont eu lieu dans le royaume, ou qui doivent recevoir leur exécution dans le royaume. Par les expressions contrats ou *faits* qui ont eu lieu dans le royaume, on entend à la fois les obligations contractuelles et les obligations qui dérivent des quasi-contrats, des délits et des quasi-délits.

3° Dans tous les autres cas où cela peut se faire par réciprocité. Par suite de cette dernière disposition, les tribunaux italiens seront compétents vis-à-vis d'un étranger par le seul fait qu'il aura contracté une obligation en faveur d'un Italien, bien que les conditions ci-dessus énumérées fassent défaut, toutes les fois que les tribunaux de l'État auquel appartient cet étranger seraient compétents dans le même cas pour juger un Italien. Par exemple, le Code civil français dispose (art. 14), que l'étranger non résidant en France qui a contracté en France ou en pays étranger une obligation envers un Français peut être cité devant les tribunaux français. Dès lors, par application de l'alinéa 3 précité, le citoyen français qui ne réside pas en Italie, et qui s'est obligé soit en Italie, soit à l'étranger envers un Italien, pourra être cité *par réciprocité* devant les tribunaux italiens, même dans le cas

---

(1) Borsari. *Il codice italiano di procedura civile annotato*, commentaire de l'article 105.

où le contrat ne doit pas être exécuté en Italie (1). Il est vrai que la réciprocité n'est pas un titre suffisant pour justifier la compétence établie par le législateur italien relativement aux étrangers, parce que le fait d'une nation ne peut point, d'après les principes rationnels, servir de base aux droits et aux devoirs des autres nations. La réciprocité n'est rien autre chose que le système du talion appliqué au droit privé international, et les autres dispositions émanant du législateur italien ne dérivent certainement pas de ce système. En effet, le législateur a prouvé d'une façon évidente que la règle par lui admise était celle, en vertu de laquelle on doit appliquer les principes qu'on croit justes et opportuns sans s'inquiéter du point de savoir si ces principes sont ou non acceptés par les autres législateurs (voir 1re partie, § 8).

106. Outre les cas indiqués dans l'article 105 se trouvent les deux suivants, énumérés dans l'article 106, qui est ainsi conçu : « L'étranger peut être cité devant les autorités judiciaires du royaume « pour obligations contractées en pays étrangers :

« 1º S'il a une résidence dans le royaume, bien qu'il ne s'y trouve « pas actuellement;

« 2º S'il se trouve dans le royaume, bien qu'il n'y ait pas de résidence, pourvu qu'il soit cité en parlant à sa personne propre. »

La disposition du nº 1 est très juste, en soumettant aux tribunaux italiens l'étranger qui a une résidence en Italie. Il peut, en effet, sans grave inconvénient, être cité devant les autorités judiciaires de l'État, dont les lois, en raison de sa résidence, le protègent d'une façon permanente.

107. *Critique de la disposition de l'art. 106, nº 2, du C. proc. italien.* — On ne saurait dire la même chose de la disposition du nº 2. En effet, donner aux Italiens la faculté de citer les étrangers,

------

(1) La jurisprudence italienne s'est prononcée dans ce sens. Elle a, en effet, admis en principe que les Italiens peuvent citer les Français devant les tribunaux italiens à raison des obligations contractées à l'étranger, bien que le défendeur ne se trouve pas en Italie, cela par droit de *réciprocité* ou de *rétorsion*, fondé sur l'article 14 du Code civil français, et consacré par le nº 3 de l'article 105 du Code de procédure civile italien (Voir les arrêts de la Cour d'appel de Florence du 18 mars 1868, du 7 avril 1869, de la Cour de cass. de Turin du 22 août 1873, de la Cour d'appel de Gênes, 31 décembre 1881, *Annal di giurisprudenza italiana*, 1868, 2e partie, p. 680; 1869, 2e partie, p. 99, 1883, 3e partie, p. 234; — *Giurisprudenza di Torino*, 6e année, p. 305; — *Monitore dei Tribunali*, Milan, 1873, p. 919). — V. Jugement français, Italie, *Journal* 1881, p. 542.

pour les contrats passés à l'étranger et qui doivent être exécutés à l'étranger, devant les tribunaux italiens, par la seule raison qu'ils se trouvent en Italie, même momentanément, c'est une chose qui peut sembler utile au demandeur, qui n'est pas obligé de saisir du litige un tribunal étranger ; mais c'est une chose la plupart du temps désastreuse pour le défendeur. Supposons, par exemple, qu'un Français se soit obligé en France envers un Italien, et que le contrat doive aussi être exécuté en France : pourquoi la circonstance fortuite que ce Français se trouve momentanément ou en passant seulement, en Italie, suffira-t-elle pour autoriser son créancier à le citer devant les tribunaux italiens? Un jugement en Italie serait pour lui une véritable surprise, parce qu'il n'a pas pu raisonnablement prévoir cette éventualité.

108. *Comparaison avec l'art.* 14 *du Code civil français.* — La disposition dont s'agit n'est pas conforme aux données de la science, aux termes de laquelle la compétence internationale doit être inspirée par une mutuelle bienveillance. Elle ne doit pas moins être considérée comme un progrès important, si on la compare à celle de l'article 14 du Code civil français. Dans le projet de ce Code, il existait une distinction importante entre les obligations contractées par l'étranger en France et celles par lui contractées en pays étranger. Pour les premières obligations, on permettait, en termes généraux, de *citer* l'étranger devant les tribunaux français, disposition qui fut approuvée sans discussion. Pour les autres obligations, la seconde partie de l'article était conçue dans les termes suivants : « S'il (l'étranger) *est trouvé en France*, il pourra être *traduit* « devant les tribunaux de France pour les obligations par lui con- « tractées en pays étranger envers des Français. » Mais les premiers mots, *s'il est trouvé en France*, furent supprimés à la suite d'une conférence entre le Conseil d'État et le Tribunat. Par suite de cette suppression, il n'existe plus aucune différence entre les obligations contractées par un étranger en France et celles par lui contractées en pays étranger, et les deux expressions *cité* et *traduit* qui y sont employées ont absolument la même signification. Dès lors l'étranger qui a contracté hors de France avec un Français peut être cité par celui-ci devant un tribunal français, bien qu'il ne se trouve pas en France. Au contraire, d'après la législation italienne, pour qu'un étranger puisse être cité devant les tribunaux italiens pour des obligations contractées en pays étrangers, il faut qu'il réside en Italie, ou tout au moins qu'il s'y trouve au moment où est introduite l'instance, c'est à-dire que l'huissier lui remette à lui personnellement l'acte de citation.

Dans aucune législation on n'a formulé, relativement à la compétence internationale, une exception aussi exorbitante que celle qui est faite dans la législation française au principe *actor sequitur forum rei*. En France, dit Fœlix, l'exception est générale et elle est établie en faveur des nationaux seulement; dans les autres pays elle est limitée à certains cas spéciaux dans lesquels les circonstances semblent la motiver, et elle a lieu en faveur tant des nationaux que des étrangers. C'est pour cela que, dans la plus grande partie des pays étrangers, la disposition de l'article 14 du Code civil est regardée comme contraire au droit des gens, et qu'en divers lieux on a pris des mesures de rétorsion à l'encontre des Français (1).

Il est dès lors à désirer que cet article soit modifié et qu'on fasse disparaître une disposition exorbitante qui, en attribuant une compétence tout à fait exceptionnelle aux tribunaux français, porte atteinte aux principes de la justice universelle, produit des conflits déplorables avec les autorités judiciaires étrangères et expose les jugements des tribunaux français à être paralysés et privés de force exécutoire dans les autres États (2).

109. *Différence du principe admis par l'Italie pour les contestations entre étrangers.* — Les dispositions de l'article 106 du Code de procédure civile italien étant générales, s'appliquent aussi bien à l'étranger cité en justice par un national qu'à l'étranger actionné par un autre étranger, sans distinguer si cet autre étranger est ou n'est pas son propre national. Ainsi, par exemple, cet article s'appliquerait à un Anglais cité en justice, soit par un autre Anglais, soit par un Allemand.

Le principe consacré par le législateur italien diffère de celui qui est admis par la jurisprudence française. Celle-ci, en effet, de l'absence dans le Code civil français de toute disposition relative aux contestations des étrangers entre eux, conclut que les tribunaux sont incompétents pour décider ces contestations, sauf dans certains cas exceptionnels (3).

La jurisprudence française est critiquée à ce sujet par les auteurs étrangers, même par plusieurs auteurs français, comme contraire au droit international européen. En effet, toutes les nations civilisées admettent que leurs tribunaux sont compétents pour connaître des actions personnelles entre étrangers. Ces actions naissent de

---

(1) Fœlix, t. I, n° 169.

(2) V. *Journal*, 1874, p. 174-179; 1870, p. 72-74; — Laurent, *Droit civil intern.*, t. IV, § 15 et suiv.

(3) V. pour la jurisprudence française, Fœlix, t. I, n° 146 et suiv.; — t. I, n° 654.

contrats appartenant au droit des gens. Les Romains reconnaissaient déjà ce principe; ils considéraient comme se rapportant au *jus gentium* ce qu'ils appelaient le *commercium*, c'est-à-dire le droit de contracter, dès lors, les achats et les ventes, les locations et en général tous les contrats, sauf un très petit nombre de conventions qui étaient régies par les règles du *jus civile*. Les étrangers étant capables de contracter, doivent avoir le droit d'obtenir l'exécution forcée de leurs conventions; et si les contrats sont du droit des gens, il s'en suit que la compétence des tribunaux pour en connaître dépend également du droit des gens, c'est-à-dire de ce que nous appelons droit naturel. Refuser à l'étranger la faculté de recourir aux tribunaux, c'est les mettre hors la loi, comme un *ex-lex*. La France seule fait exception dans le concert des peuples civilisés (1).

Le législateur italien a rendu hommage au principe que les étrangers sont admis, de même que les nationaux, à invoquer l'intervention des juges, soit contre les Italiens, soit contre les autres étrangers. En effet, ainsi que nous l'avons dit, les dispositions de l'article 106 du Code de procédure civile italien sont générales. Elles s'occupent du défendeur et ne disent rien du demandeur. Dès lors, il n'est pas permis de distinguer entre le cas où le demandeur est un national et celui où il est un étranger. La Cour de cassation de Florence et la cour d'appel de Lucques faisaient observer avec beaucoup de justice dans leurs arrêts du 21 novembre 1870 et du 11 décembre 1872, que la distinction entre le demandeur national et le demandeur étranger, non seulement ne résultait pas de la lettre de la loi, mais encore était contraire au but généreux auquel elle tend d'une manière évidente, et qui est celui de donner le moyen à *quiconque* a des droits à l'encontre d'un étranger, même s'ils résultent d'obligations contractées à l'étranger, de réclamer l'intervention des tribunaux italiens, dans le cas où l'obligé se trouve en Italie. Du reste, une telle distinction serait contraire au principe fondamental consacré par le Code civil italien, et en vertu duquel l'étranger est assimilé au national pour la jouissance des droits civils (2).

110. — *Autorité judiciaire compétente suivant que l'étranger réside, demeure ou est domicilié en Italie.* — Enfin l'article 107 du Code de procédure civile italien est ainsi conçu : « Lorsque l'étran-
« ger n'a ni résidence, ni demeure ou domicile élu dans le royaume,
« et qu'il n'est pas fixé de lieu pour l'exécution du contrat, l'action

---

(1) Phillimore, *Priv. internat. law*, t. IV, p. 698.
(2) *Ann. giurispr.*, 1870, part. I, p. 361; 1873, part. II, p. 93.

« personnelle ou réelle sur les biens meubles est portée devant l'au-
« torité judiciaire du lieu dans lequel le demandeur a son domicile
« ou sa résidence. »

En présence de cette disposition bien précise, et rendue encore
plus claire par le rapport du garde des sceaux Pisanelli sur le projet
du code, il est hors de doute que l'étranger devra être cité devant
le juge du lieu du domicile ou de la résidence du demandeur, non
seulement dans le cas où la juridiction des tribunaux italiens résulte
uniquement du principe de réciprocité, mais encore dans les cas où
le titre attributif de juridiction à ces tribunaux résulte, soit du fait
que la chose mobilière, objet du litige, se trouve en Italie, soit de
celui que l'obligation a pris naissance en Italie, bien qu'elle doive
être exécutée à l'étranger.

On ne saurait véritablement trouver aucun motif plausible qui jus-
tifie bien, sur ce point, l'œuvre du législateur italien, qui a, d'une
façon arbitraire, donné la préférence à une cause très secondaire, attribution de compétence, telle que celle du domicile ou de la résidence du demandeur, sur les causes générales du *forum rei mobilis
sitæ* et du *forum contractus*. Ainsi, pour prendre un exemple, si la
chose mobilière, objet du contrat, se trouvait à Milan, ou bien si
ce contrat avait été conclu à Milan, néanmoins le tribunal compétent serait celui de Naples, par la seule raison que le demandeur
réside ou est domicilié dans cette dernière ville. Quoi qu'il en soit,
cette disposition de l'article 107 ne peut être l'objet d'aucun doute,
relativement à son interprétation, et les magistrats aussi bien que
les jurisconsultes doivent en faire fidèlement l'application, sans
pouvoir autre chose que de penser : *non omnium quæ a majoribus
constituta sunt ratio reddi potest* (1). »

Toutefois, si la compétence dérivant du fait que la chose mobilière, objet du litige, se trouve en Italie, ou du fait que l'obligation
a été contractée en Italie, n'a pas été placée en première ligne par
le législateur italien, elle ne cesse pas néanmoins d'être une compétence secondaire. En effet, supposons que l'étranger qui est demandeur n'ait en Italie ni domicile, ni résidence, et qu'il intente
une action réelle mobilière devant les tribunaux italiens contre un
autre étranger, qui lui aussi a son domicile ou sa résidence à
l'étranger; supposons, en outre, qu'il n'ait été fait aucune élection
spéciale de domicile par le débiteur, et qu'il s'agisse d'une obligation
qui doit être exécutée à l'étranger, que par là même la seule cause

(1) Pescatore. — Filosofia e dottrina giuridiche, p. 775; — Mattirolo. — Elementi di diritto giudiziario civile italiano, t. I, §§ 675, 676.

attributive de compétence pour les tribunaux italiens, soit la circonstance que la chose mobilière, objet du procès, est située en Italie, et celle que l'obligation dont on demande l'exécution y a été contractée; il est certain que dans ces deux cas l'action devra être portée devant le tribunal *rei sitæ* ou devant le *forum contractus*. Ainsi l'a décidé la cour de cassation de Turin dans son arrêt du 25 juin 1870, dont les motifs étaient ainsi conçus : « L'article 107 « ne prévoit pas le cas du demandeur étranger qui n'a ni résidence ni domicile dans le royaume; mais il ne lui refuse pas par « cela même la faculté d'agir devant les autorités judiciaires italiennes. Le tribunal compétent, quand il s'agit d'actions relatives « aux biens mobiliers exercées contre un autre étranger qui n'a pas « de résidence dans le royaume ou qui ne s'y trouve pas, est alors « déterminé par le lieu où se trouvent les meubles. L'article 107 « laisse dans ce cas la compétence régie par l'article 105 » (1).

111. *Mesures provisoires*. — *Saisie conservatoire*. — Tous les législateurs non seulement attribuent aux magistrats la décision des questions de fond, mais leur confèrent encore certains pouvoirs spéciaux, grâce auxquels ils sont autorisés à ordonner des mesures purement conservatoires, qui peuvent être requises dans certains cas urgents. On peut se demander si l'exercice de ces pouvoirs peut s'exercer même à l'égard des étrangers.

Nous parlerons tout d'abord de la saisie conservatoire (2). Cette mesure, comme l'indique son nom, a pour but de conserver, ou, en d'autres termes, de rendre intactes les garanties du créancier. Aux termes de l'article 944 du Code de procédure civile italien, le créancier qui a de justes motifs de craindre la fuite de son débiteur, de redouter des détournements, ou qui est en péril de perdre les garanties de sa créance, peut demander la saisie des biens meubles appartenant et des sommes dues à son débiteur, si la loi ne les déclare pas insaisissables. L'article 925 du même Code dispose que la saisie est accordée sur requête motivée, et à la suite de renseignements sommaires, s'il y a lieu. La saisie peut encore être accordée par l'ordonnance qui permet la citation à bref délai. Les autorités compétentes pour accorder la saisie conservatoire sont désignées

---

(1) Giurisprudenza, 1870, 489, 490.

(2) Il ne saurait s'élever de difficulté au sujet de la saisie judiciaire, parce que celle-ci ayant lieu sur la chose qui fait l'objet du procès, il s'ensuit que dans les cas où les tribunaux sont compétents pour juger les affaires concernant les étrangers, ils peuvent ordonner cette saisie. (V. art. 875 du C. civ. ital. et 921, 922, 923 du C. de proc. civ. ital.)

par les articles 926 et 927. Si l'affaire principale, c'est-à-dire celle relative à la créance qu'on veut garantir, n'es p s pendante devant un tribunal, le juge de paix du lieu où la saisie doit avoir lieu est compétent, quelle que soit l'importance de la créance. Ce même juge de paix, dans le cas d'urgence, est compétent même dans le cas où la cause principale est pendante devant un autre tribunal. Mais, lorsqu'il n'y a pas urgence, la saisie ne peut être accordée que par le président du tribunal ou de la Cour devant lesquels est pendant le procès auquel est connexe la demande de saisie.

Les auteurs et la jurisprudence sont d'avis que, même dans les cas où les tribunaux sont incompétents à l'égard des étrangers pour décider les questions relatives au fond de la cause principale, ils peuvent ordonner la saisie conservatoire des biens meubles qui se trouvent sur le territoire soumis à leur juridiction ou des sommes payables sur ce même territoire, conformément aux dispositions des lois locales (1).

Un juge de paix italien peut dès lors, conformément aux articles 926 et 927 précités, autoriser la saisie de biens meubles appartenant à un étranger et situés dans son canton, ou de créances qu'a ce même étranger sur des habitants du même canton, et il le pourra en cas d'urgence, même lorsque la cause principale est pendante devant un tribunal étranger. Nous avons dit en effet (voir § 105) que l'étranger est soumis à la juridiction des tribunaux italiens pour les biens qu'il possède en Italie. Dès lors, ces tribunaux peuvent ordonner la saisie desdits biens pour la garantie des créanciers, même lorsqu'ils ne sont pas compétents pour statuer sur les créances qu'ils veulent garantir. Il ne s'agit pas, en effet, de connaître de ces créances, mais uniquement de pourvoir à la conservation des gages qui en garantissent le paiement. La saisie conservatoire ne porte dès lors aucune atteinte à la juridiction de l'autorité compétente pour connaître de la cause principale.

112. *Autorité compétente pour révoquer ou confirmer la permission de saisir.* — Mais à qui appartiendra-t-il de statuer sur la validité, la révocation ou la confirmation de la saisie qui aura été ordonnée? Le Code de procédure civile sarde de 1854 n'établissait pas une compétence spéciale pour cet objet. En effet, l'article 893 de ce Code disposait que le jugement de confirmation ou de révocation de la saisie appartenait au tribunal du domicile du débiteur, c'est-à-

---

(1) V. les arrêts de la Cour d'appel et de la Cour de cassation de Turin du 29 septemb. 1858 et du 25 juin 1859, Bettini, *Giurisprudenza Sarda*, 1858, 2e partie, p. 848; 1859, 1re partie, p. 031.

dire au tribunal compétent pour connaître de sa dette (*actor forum sequitur rei*). Le Code de 1859 établissait dans son article 934, que l'on devait citer le débiteur saisi *devant l'autorité judiciaire compétente pour décider de la révocation ou de la confirmation de la saisie*, sans rien ajouter. On devait dès lors observer les règles générales de la compétence, en d'autres termes, la confirmation ou la révocation de la saisie devait être prononcée par le tribunal compétent pour connaître de la dette.

La Cour d'appel de Turin a, par application du Code de 1854, décidé, par arrêt du 29 septembre 1858, que les tribunaux de l'État sont compétents pour ordonner des saisies dans l'intérêt des étrangers et contre des débiteurs même étrangers, lorsque les biens sur lesquels devait porter la saisie étaient situés dans l'État; mais que l'ordonnance de saisie est d'une nature seulement provisoire, et ne doit pas contenir fixation d'audience pour la confirmation ou la révocation lorsque les tribunaux de l'État ne sont pas compétents pour connaître du fond de l'affaire. La Cour de cassation de Turin a statué dans le même sens par son arrêt du 25 juin 1859, en décidant que la saisie ne porte aucune atteinte à la juridiction du tribunal compétent pour statuer sur les oppositions à la validité ou à la nullité de cette mesure, et que cette règle n'est soumise à aucune exception au préjudice des étrangers (1).

Au contraire, le Code de procédure civile italien de 1865 a établi une compétence spéciale en ce qui concerne la validité, la révocation ou la confirmation de la saisie, compétence spéciale qui dérive du caractère également spécial d'une telle instance. L'article 930 dispose que l'ordonnance de saisie doit être notifiée au débiteur dans un certain délai, et l'acte de notification doit contenir sa citation en matière sommaire devant l'autorité judiciaire du lieu de la saisie, compétente à *raison de la matière et de la valeur*, pour faire statuer sur la validité, la révocation ou la confirmation de la saisie, et, s'il y échet, sur la vente des objets qui risquent de se détériorer. Si cette autorité judiciaire est aussi compétente pour connaître de la dette, le demandeur peut en même temps conclure au paiement de la dette.

Dès lors, la compétence à raison de la matière et de la valeur est suffisante, sans qu'il soit nécessaire que le tribunal soit également compétent *ratione personæ*. Supposons que la saisie conservatoire soit ordonnée par le juge de paix de Milan, parce que les biens mobiliers qui en font l'objet se trouvent à Milan, ou parce que le dé-

***

(1) Voir note précédente.

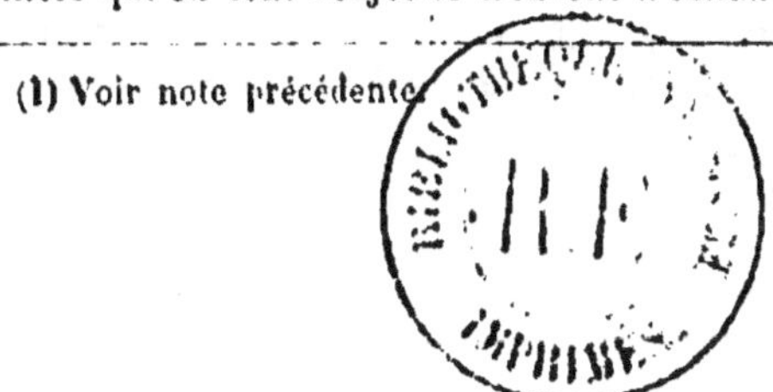

biteur a des créances dans cette ville. Même dans le cas où la décision du fond de l'affaire appartiendrait au juge de paix ou au tribunal de première instance de Palerme, suivant que la valeur en serait inférieure ou supérieure à 1,500 francs, par le motif que le débiteur aurait son domicile ou sa résidence dans cette dernière ville (art. 71, 84, 90 combinés); le tribunal civil ou le juge de paix de Milan pourraient prononcer sur la validité, la révocation ou la confirmation de la saisie, en réservant toutefois aux tribunaux compétents, d'après les règles ordinaires, le jugement de l'affaire principale.

L'exception, dans ce cas, aux principes généraux de la compétence, est motivée par le caractère tout à fait spécial de la saisie conservatoire, qui constitue une mesure requise en cas d'urgence, par la distance qui, souvent, existe entre le siège du tribunal compétent pour connaître de la créance qu'on veut garantir et le lieu où doit être exécutée la saisie (dans l'exemple que nous avons choisi, telle est la distance entre Milan et Palerme), enfin par l'intérêt des tiers, qui pourrait être compromis. Ces considérations motivent des règles spéciales de protection des intérêts des citoyens et la désignation d'une compétence spéciale. Le préjudice que peut causer la saisie étant considérable, il est de toute justice que la partie contre laquelle elle est exécutée ait la faculté de pouvoir sans retard, avec plus de facilité et à moins de frais, recourir au juge local pour en faire reconnaître au besoin l'injustice et l'inopportunité, et pour en obtenir la main-levée, contre l'offre immédiate d'une garantie certaine pour en tenir lieu. Pour donner la préférence au tribunal *rei sitæ*, il existait encore la considération que c'est au lieu de la saisie que l'on peut accomplir le mieux et le plus rapidement possible tous les actes nécessaires pour la conservation des choses saisies. Telles sont les raisons qui ont fait admettre la compétence *ratione rei sitæ*. Cette compétence est établie d'une façon si absolue, qu'elle existe même dans le cas où l'ordonnance relative à la saisie émane du juge devant lequel est pendante la question relative au fond de l'affaire. C'est, du reste, en ce sens et avec raison qu'a statué la jurisprudence. En effet, la Cour de cassation de Turin, dans son arrêt du 24 octobre 1879, disait que l'instance suivie pour la validation ou pour la mainlevée de la saisie n'est pas un simple incident, ou un accessoire du procès relatif à la créance, mais une procédure également principale, indépendante, ayant en soi sa raison d'être, et régie par des règles spéciales. Il n'existe aucun lien entre cette instance et celle du fond, parce que le juge qui connaît de la saisie ne statue pas tant sur l'existence réelle et légale de la créance qu'on veut garantir, que sur la plus grande apparence et sur la suffisance du droit du saisissant, et la question la plus importante en matière de saisie conservatoire repose sur l'extrême insolvabilité, sur le danger de fuite du débiteur ou de détournement de ses biens mobiliers (1).

Ainsi, la disposition relative à la compétence *ratione rei sitæ* étant générale, elle s'applique également à la saisie accordée sur les biens meubles appartenant à un étranger ou sur les sommes qui lui sont dues. Du reste, les considérations que nous avons exposées ci-dessus peuvent, *a fortiori*, être invoquées dans ce cas. Qu'on suppose, en effet, que le débiteur soit un Américain ou un Japonais, et qu'aucune raison ne motive la compétence des tribunaux italiens pour connaître de l'exécution de l'obligation consentie par le débiteur. Si la saisie est ordonnée par le juge de paix de Gênes, parce qu'il s'agit de marchandises existant dans cette ville, ou d'une cargaison de marchandises déposées dans un navire à l'ancre dans le port de Gênes, le créancier devrait être astreint à des démarches pénibles et à des frais considérables pour aller de Gênes à Washington ou à Yedo, domicile du débiteur, pour faire prononcer la validité et la confirmation de cette saisie. De plus, le débiteur, auquel la saisie peut causer un grave préjudice, doit jouir de l'avantage d'en faire prononcer sans délai la révocation dans le lieu où elle a été exécutée.

Du reste, il n'est par là porté aucune atteinte à la juridiction du tribunal étranger compétent pour connaître de la créance. En effet, le jugement rendu par l'autorité judiciaire *rei sitæ* ne préjuge en aucune façon sur la décision de cette juridiction, puisqu'elle statue, ainsi que nous l'avons déjà dit, non pas sur l'existence de la dette, mais sur l'insolvabilité, sur le danger de fuite du débiteur et de détournement des biens meubles de ce dernier. Aussi, la souveraineté de l'État dont dépend le tribunal du domicile du défendeur n'est nullement atteinte par ce jugement, qui est distinct de celui qui doit être rendu par les délégués de cette souveraineté sur la question du fond, qui est distincte de celle de la validation ou de la mainlevée de la saisie. D'autre part, la saisie conservatoire est par elle-même un moyen d'exécution, sinon définitif, du moins provisoire, qui est l'œuvre de l'autorité judiciaire qui l'a ordonnée. Or, comment un tribunal étranger, qui n'a aucune juridiction sur cette autorité judiciaire, pourrait-il juger de la validité d'un semblable acte, qui est subordonné à l'observation des formalités prescrites par la loi du lieu où la saisie a été exécutée ?

113. *Mesures provisoires entre époux.* — Outre la saisie, il y a

____

(1) *Annali*, 1879, 1re partie, p. 689.

d'autres mesures conservatoires et provisoires qui peuvent être prises pour le maintien de l'ordre public et pour la sécurité des personnes, mesures qui peuvent être appliquées même aux étrangers, bien que les difficultés qui y donnent lieu ne soient pas de la compétence de l'autorité judiciaire qui les ordonne. Ainsi la jurisprudence française a décidé que, lorsqu'il surgit des contestations entre deux époux étrangers résidant en France, les tribunaux français peuvent, par application du paragraphe 1er de l'article 3 du Code civil (1), ordonner des mesures provisoires nécessaires à la sûreté de l'un d'eux ou destinées à lui assurer des moyens de subsistance. Des mesures de ce genre peuvent également être prises dans l'intérêt des enfants. Il a été admis en outre que les tribunaux français peuvent autoriser la femme à abandonner provisoirement le domicile de son mari, par mesure de prudence, de police ou de convenance, et peuvent aussi connaître d'une demande d'aliments formée par une femme étrangère contre son mari (2).

114. Compétence en matière de séparation de corps entre étrangers. — Les tribunaux italiens ont admis qu'ils étaient compétents même pour les demandes de séparation de corps entre époux étrangers demeurant en Italie (3). La Cour d'appel de Lucques a décidé, dans son arrêt du 11 décembre 1872, que cette compétence a pour base la nature même des faits qui motivent la séparation de corps (excès, sévices, menaces et injures graves), faits qui engendrent le besoin et le devoir de porter secours à l'opprimé qui demande à être délié de l'obligation d'une cohabitation qui met en danger sa sécurité personnelle, ou devient une cause de scandale et trouble l'ordre social (4). Ainsi, la disposition relative à la séparation de corps a été considérée comme une loi de sûreté *publique*, et par conséquent, aux termes de l'article 11 des dispositions préliminaires du Code civil italien applicable même aux étrangers (5).

---

(1) Cet article dispose que les lois de police et de sûreté obligent tous ceux qui habitent sur le territoire. L'article 11 du Code civil italien renferme une disposition semblable; mais à ces lois il ajoute les lois pénales. (V. 1re partie de cette étude, § 20.)

(2) V. *Journal du droit international privé*, 1882, p. 526.

(3) La jurisprudence française est contraire. V. *Journ. du droit internat. privé*, vo Séparation, 1881, p. 262 et 1880, p. 191.

(4) *Annali*, 1873, 2e partie, p. 93

(5) Demangeat critique les décisions de la jurisprudence française, qui admet le principe de l'incompétence des tribunaux français relativement aux demandes de séparations de corps entre étrangers simplement résidants en France. (Lorsqu'il s'agit d'étrangers autorisés à

La Cour de cassation de Turin, dans un arrêt du 13 juin 1874, a décidé que les tribunaux italiens ne sont pas compétents pour prononcer l'interdiction d'un étranger, les questions d'état civil devant être réservées aux tribunaux du pays d'origine. La Cour d'appel de Milan, dans un arrêt du 1er juillet 1872, avait au contraire admis la compétence des tribunaux italiens, par le motif que l'interdiction est une mesure qui, en dernière analyse, se résout à une protection accordée tant à l'interdit qu'à ceux qui vivent avec lui. Nous sommes heureux de nous associer à l'opinion exprimée par M. le professeur Ernest Dubois, d'après lequel la doctrine de la Cour de Milan est préférable à celle de la Cour de cassation de Turin. En effet, pour toutes les questions d'état, on doit admettre la compétence du tribunal du domicile. Et même, en n'admettant pas cette compétence d'une façon générale pour les questions d'état, dans le cas particulier d'interdiction il serait nécessaire de l'admettre. Sans parler de l'intérêt des tiers qui peuvent contracter avec l'étranger dans le pays où il est domicilié, il est encore dans l'intérêt de l'interdit et de sa famille d'avoir pour juges ceux du lieu du domicile. Autrement, il pourrait arriver qu'on fût dans l'impossibilité de trouver un tribunal compétent parmi ceux de la nation à laquelle appartient l'interdit (1).

Mais, tout en admettant l'incompétence des tribunaux italiens en matière d'interdiction, la Cour de cassation de Turin a reconnu que ces mêmes tribunaux sont autorisés, dans l'intérêt de l'étranger et de sa famille, à ordonner des mesures conservatoires et provisoires pour un temps plus ou moins limité, suivant les diverses exigences des cas. Parmi ces mesures on doit comprendre la nomination d'un curateur temporaire, chargé de gérer les affaires de l'étranger dont l'interdiction est requise. En effet, une telle nomination est un acte qui peut, à proprement parler, être qualifié de protection et d'une nature purement conservatoire (2).

établir leur domicile en France, les tribunaux français se reconnaissent compétents). La nécessité de la cohabitation, dit cet auteur, peut devenir soit un péril pour la femme, soit une occasion de scandale. Il y aura donc quelquefois un intérêt d'ordre public à ce que nos tribunaux mettent un terme à cette nécessité en prononçant la séparation de corps. (Fœlix, t. I, Note (a) de Demangeat, p. 331 et 332.) — V. aussi l'article de Demangeat, *Des demandes de séparation de corps entre étrangers*, publié dans le *Journal du droit internat. privé*, 1878, p. 450.

(1) *Journal du droit internat. privé*, 1876, p. 213, où se trouve rapporté l'arrêt de la Cour d'appel de Turin avec une note de M. Dubois.

(2) *Annali*, 1874, p. 217; — v. aussi *Journal du droit internat. privé*,

115. *Loi qui régit la preuve des actes.* — Dans toute instance, le juge ne peut point prononcer le jugement qu'on sollicite de lui, si les parties ne font pas la preuve des faits d'où naissent les droits qu'elles veulent faire valoir. Aussi appartient-il au demandeur de prouver les faits par lui articulés dans ses conclusions, et au défendeur les articulations qu'il oppose par voie d'exception.

Le législateur italien, dans le paragraphe 1er de l'article 10 des dispositions préliminaires du Code civil, a rendu hommage au principe consacré par la jurisprudence ancienne et moderne, en édictant que « les moyens de preuve des obligations sont réglés par les lois « du lieu où l'acte a été passé. » Les dispositions de la *lex fori* ne sont pas applicables aux preuves, comme elles le sont aux formes de procédure, en tant que les moyens de preuve ne constituent pas des formalités relatives à la procédure, ne sont pas, en d'autres termes, *litis ordinatoriæ*, mais ont trait au fond de l'affaire, étant *litis decisoriæ*, et l'issue du procès en dépendant. Comme les droits n'existent pas légalement en quelque sorte si on ne fournit pas la preuve du fait qui les engendre (*ex facto jus oritur*), on doit supposer que lors de la stipulation d'un contrat les parties se sont préoccupées des preuves auxquelles elles devront recourir dans le cas où l'obligation serait contestée. Or, à quelles preuves ont-elles pu penser sinon à celles déterminées par la loi du lieu où le contrat a été conclu ? Exclure une preuve qui peut-être sera unique, et l'exclure parce qu'elle n'est pas admise aux termes de la *lex fori*, cela équivaut à détruire la convention, à laisser au débiteur la faculté d'annihiler les droits légitimement acquis par les créanciers. Il suffirait en effet à ce dernier, pour arriver à ce résultat, d'aller se fixer dans un État dont la loi n'admet pas le mode de preuve reçu aux termes de la loi du lieu du contrat, dans le but d'être, par application du principe, *actor forum sequitur rei*, cité dans cet État. La forme probante d'un acte varie suivant le pays, et ne saurait dès lors être réglée que par la loi sous l'empire de laquelle l'acte a été passé.

Dès lors, les lois qui règlent les moyens de preuve peuvent être invoquées à l'étranger. Elles appartiennent, en effet, au droit privé, et leur empire n'est pas restreint aux frontières de l'État de la souveraineté duquel elles émanent. Ce qui démontre qu'elles appartiennent au droit privé, c'est qu'elles sont réglées par le Code civil, qui en traite, après avoir traité des obligations, en déterminant de

---

1874, p. 330, où se trouve rapporté l'arrêt de la Cour de cassation de Turin.

quelle manière celles-ci doivent être prouvées et quelles en sont les
causes d'extinction (1). Il est vrai que le Code de procédure civile
contient aussi des dispositions relatives aux preuves (2), mais elles
ne font que régler les formalités requises pour les administrer.
Aussi, appartiendra-t-il à la loi du lieu où l'acte a été passé d'en
régler les preuves, en d'autres termes d'indiquer les manières d'en
constater l'existence. Mais ces preuves devront être administrées
devant les magistrats, aux termes des dispositions de la *lex fori*. Il
ne s'agit plus d'une question de fond relative aux modes de preuves,
mais d'une question de procédure, en d'autres termes d'une question
de formes *litis ordinatoriæ*. De là il résulte, que pour administrer
les preuves, on devra appliquer la loi qui émane du souverain dont
dépend le juge qui doit résoudre le procès. Tandis que la partie
est intéressée à ce que l'admissibilité de la preuve qu'elle invoque
soit réglée par la loi étrangère, elle n'a aucun intérêt, une fois cette
preuve admise par le juge, que l'administration en soit réglée par
cette même loi. Elle doit dès lors laisser appliquer les dispositions
édictées par la souveraineté de l'État, devant les tribunaux duquel
elle fait valoir ses droits, et devant lesquels elle doit administrer la
preuve.

116. *Preuve des actes authentiques étrangers.* — Le principe
consacré par le législateur italien est applicable aux différents modes
de preuves qui sont invoquées durant le cours d'une instance civile.
C'est pourquoi la preuve résultant d'un acte public sera réglée par
la loi du lieu où cet acte a été passé. Un acte public sera dès lors
partout considéré comme authentique, et comme faisant la preuve
entière de son contenu, s'il est considéré comme tel dans le pays
où il a été rédigé, cela sans avoir aucun égard à la *lex fori*. Mais
la partie qui produit cet acte devra en certifier l'origine, elle devra
par conséquent justifier qu'il a réellement été rédigé dans le pays
dont les lois ont été observées pour sa rédaction. Cette preuve se
fait au moyen de la *légalisation* ou *authentication* de l'acte, qui
parfois est faite par les agents diplomatiques, mais qui le plus souvent émane des officiers consulaires de l'État dont les tribunaux sont
saisis et qui résident dans le pays où l'acte a été passé. La loi consulaire italienne, entre autres attributions conférées aux consuls,
dans l'article 57, leur confère expressément celle de légaliser les
actes et documents reçus dans l'État où ils résident, lorsque ces
actes sont destinés à faire foi devant les autorités nationales, et ceux

____

(1) V. le ch. V du tit. IV, liv. III du C. civ. ital., art. 1312-1357.
(2) V. C. de proc. civ. italien, liv. I, tit. IV, art. 206-318.

reçus par les autorités nationales, lorsqu'ils sont destinés à faire foi devant les autorités étrangères, sauf, quant à ces derniers, la légalisation du ministre des affaires étrangères et des autorités par lui déléguées.

117. *Convention italo-austro-hongroise relative aux actes publics.* — Les deux gouvernements italiens et austro-hongrois, par la déclaration des 31 juillet et 12 août 1878, conclurent un arrangement ainsi conçu au sujet des actes publics : « Les documents émanant « des tribunaux ou par eux légalisés, ou émanant des notaires, et « revêtus de la légalisation des présidences des Cours d'appel de « Milan, Brescia et Venise d'une part, ou des présidences des tri- « bunaux supérieurs de Trieste, Inspruck, Zara et Gratz d'autre « part, sont exempts de toute légalisation diplomatique ou consu- « laire, pourvu que la formule de la légalisation soit aussi apposée « en langue italienne par les présidences des tribunaux supérieurs « autrichiens, ou pourvu que les documents légalisés par les prési- « dences des tribunaux supérieurs de Trieste, Inspruck, Zara et « Gratz, doivent servir dans un des districs des Cours d'appel de « Milan, Brescia et Venise, et respectivement que les documents « légalisés par les présidences de ces Cours d'appel aient à servir « dans une des circonscriptions des tribunaux supérieurs de Trieste, « Inspruck, Zara ou Gratz. Sont toutefois exceptés de l'exception, « les documents qui doivent être présentés en Italie dans le but de « faire exécuter une inscription sur les registres de l'État civil, ou « d'après lesquels il y ait à faire en Autriche une inscription sur « les registres de naissance, de mariage ou de mort, ou qui servent « à démontrer ou à obtenir le domicile légal ou la nationalité en « Autriche. Les documents qui doivent servir à ces fins devront « encore à l'avenir être revêtus de la légalisation officielle diplo- « matique ou consulaire (1). »

118. *Loi applicable à la reconnaissance des actes sous seing privé.* — Les actes sous seing privé feront également pleine foi aussi bien que les actes publics entre ceux qui les ont souscrits, entre leurs héritiers et ayants cause, s'ils sont reconnus, ou légale- ment considérés comme reconnus dans le pays où ils ont été rédigés. Dans le cas contraire, on devra en opérer la reconnaissance dans le lieu où le procès est pendant, dans les formes prescrites par la loi qui y est en vigueur (2). On applique la *lex fori*, et non pas

---

(1) *Raccolta dei trattati et delle convenzioni fra l'Italia e i governi esteri,* t. VI, p. 117.

(2) Voir art. 292-295 du C. de proc. civ. italien.

celle du lieu du contrat, parce que la question n'est plus une question de fond, mais de procédure. Mais, pour que l'écrit sous seing privé puisse être invoqué comme un moyen valable de preuve, il faut, par application de la règle *locus regit actum*, que l'on ait observé les formalités exigées pour qu'il serve de preuve par la loi du lieu où il a été passé. Une fois conforme à ces formalités, il fera pleine foi en tous lieux (*Voir tit. III de cette étude, nº 70*). Par application de ce principe, la Cour de cassation de Naples, dans son arrêt du 30 mars 1867, a décidé que, lorsque dans le lieu où le contrat sous-seing privé a été passé, on n'exige pas, pour que le titre ait force probante le *bon* ou *approuvé* écrit de la main du débiteur qui indique en même temps la somme ou la fraction de la somme promise, il faut tenir cet écrit comme probant en l'absence de cette formalité, cela même dans un pays étranger dont la législation l'exige, ainsi que le fait l'article 1325 du Code civil italien (1).

119. *Loi réglant la preuve testimoniale.* — De même, les questions qui peuvent s'élever relativement à l'admissibilité de la preuve par témoins, dans le cas de conflit de lois différentes, doivent être décidées d'après la loi du lieu où s'est produit le fait qu'on veut établir.

Ainsi, s'il s'agissait de conventions conclues dans un pays allemand, en Autriche, en Danemarck, en Suède, en Norwège, en Espagne, en Portugal ou en Angleterre, la preuve testimoniale n'étant aucunement restreinte dans ces pays (2), cette preuve devrait être

---

(1) Cette Cour donnait les motifs suivants : « Les faits qui se sont passés hors du propre territoire ne peuvent être gouvernés que par les « lois en vigueur où ils se sont accomplis : de là il s'ensuit, relative- « ment aux formes extrinsèques des contrats et aux moyens de les prou- « ver, que les parties doivent se conformer aux statuts *loci contractus*, « principe qui est résumé dans l'antique maxime *locus regit actum*. « Cette maxime admise tacitement en droit international, consacrée « souvent dans les traités diplomatiques, a été explicitement reconnue « dans le Code italien, dans les articles 9 et 10 du titre préliminaire des « lois civiles. Une telle maxime étant générale, n'admet aucune dis- « tinction, et dès lors elle frappe aussi les conventions conclues sous « seing privé... On ne saurait objecter que de cette façon les fraudes « seraient fréquentes, parce que le délit ne se présume pas. Si, par « hasard on avait altéré la vérité, en apposant sous l'écriture une date « fausse, on pourrait en faire la preuve par tous les moyens autorisés « par le droit. Le faux étant découvert, la fraude est évidente, et la loi « exerce son empire. » *Annali*, 1867, 1re partie, p. 323.

(2) Voir Fœlix, t. I, nº 232 et suiv.

admise par les tribunaux italiens, même dans le cas où la valeur de l'objet de ces conventions serait supérieure à 500 francs. En effet, la disposition de l'article 1341 du Code civil italien, aux termes de laquelle « n'est pas admise la preuve par témoins d'une convention « sur un objet dont la valeur excède 500 francs, bien qu'il s'agisse « de dépôts volontaires », ne pourrait être invoquée que pour les contrats conclus en Italie. Les législateurs tiennent compte des conditions spéciales des divers pays, en admettant avec facilité ou en restreignant dans certaines limites la preuve testimoniale, suivant le plus ou le moins grand degré de probité qu'ils supposent exister chez leurs sujets. Dès lors, une telle preuve ne peut être réglée que par la loi en vigueur au lieu où s'est produit le fait qu'il s'agit de constater au moyen des témoins. D'autre part, les personnes qui s'obligent sous l'empire d'une loi savent les devoirs que cette loi leur impose pour assurer l'exercice de leurs droits. C'est pour cela que, lorsqu'elles ne font pas rédiger un acte public ou ne passent pas un acte sous seing privé, les parties contractantes calculent qu'au besoin elles peuvent recourir à la preuve testimoniale admise par la *lex loci contractûs*, et acquièrent par là même un droit irrévocable, qui ne peut être amoindri par suite de la circonstance que le procès est intenté dans un pays où le législateur, tenant compte du peu de probité des habitants qui sont soumis à son empire, et de la facilité avec laquelle ils font de faux témoignages, a cru convenable de restreindre jusqu'à un certain point la preuve testimoniale.

Ce que nous disons de l'admissibilité de la preuve testimoniale pour établir l'existence d'un contrat ou d'un autre acte, s'applique également à la question de savoir si cette preuve peut être reçue contre et outre le contenu aux actes. En effet, dans cette hypothèse, il s'agit d'établir, par la déposition des témoins, l'existence d'une convention dont la matière serait différente de celle de l'acte écrit. Dès lors, la preuve testimoniale de la prétendue convention devra être admise ou rejetée, suivant qu'elle est ou n'est pas autorisée par la loi du lieu où la convention a été conclue. Aussi, bien que l'article 1341 du Code civil italien dispose que « n'est pas admise « la preuve testimoniale contre et outre le contenu aux actes écrits, « ni sur ce qu'on allèguerait avoir été dit avant, contemporainement « ou postérieurement à ceux-ci, bien qu'il s'agisse d'une somme ou « d'une valeur moindre que 500 francs », toutefois, les tribunaux italiens devront admettre cette preuve, s'il s'agit d'un acte reçu en Prusse, en Espagne ou en Portugal. En effet, aux termes des lois en vigueur dans ces pays, la preuve testimoniale est admise outre et contre le contenu aux actes (1). Réciproquement, les tribunaux prussiens, espagnols ou portugais, devraient rejeter cette même preuve dans le cas où il s'agirait d'un acte passé en Italie.

Donc la preuve testimoniale, quant à son admissibilité, est réglée par la loi du lieu où a été accompli l'acte dont on veut établir l'existence. Mais, quant à son administration, c'est-à-dire quant à la manière de recevoir la déposition des témoins, la loi applicable est la *lex fori*. Il s'agit, en effet, alors de formalités *litis ordinatoriæ* et non *litis decisoriæ*, d'une question de *procédure* et non de fond

120. S'il surgissait une question relative à la capacité de tester, elle devrait être résolue d'après la loi à laquelle il appartient de décider si la preuve testimoniale invoquée est ou non admissible. En effet, cette capacité s'identifie jusqu'à un certain point avec cette preuve, parce que celui qui conclut un contrat en présence d'autres personnes, par exemple, en présence de parents à un certain degré, que la loi locale déclare capables d'être entendus comme témoins, ne peut se voir enlever le droit de se prévaloir du témoignage de ces personnes, par suite de la circonstance que l'instance est portée devant les tribunaux d'un pays où la loi en vigueur est différente de celle du lieu du contrat (2).

121. *Présomptions.* — De même, en ce qui a trait aux présomptions, c'est-à-dire aux conséquences à déduire d'un fait connu pour arriver à établir un fait inconnu (3), on devra appliquer la loi du lieu où s'est passé le fait qu'on veut établir au moyen de ce mode de preuve. Ainsi, pour prendre un exemple, les effets de la présomption légale (*juris et de jure*) dérivant de la chose jugée, seront réglés par la loi sous l'empire de laquelle a été rendu le jugement.

122. *Aveu des parties.* — De même encore, en ce qui concerne l'aveu des parties, tant judiciaire qu'extra-judiciaire (4), pour apprécier l'autorité, la force probante et les effets aussi bien de l'un que de l'autre de ces aveux, on appliquera la loi en vigueur dans le pays où s'est produit le fait que l'une des parties prétend avoir été reconnu par son adversaire.

123. *Serment.* — Également, pour ce qui est du serment, pour

---

(1) Fœlix, *loco citato.*

(2) Fœl., t. I, p. 235. Voir en sens contraire Schæffner, *Explication du droit privé international*, § 157. Cet auteur soutient d'une façon générale que la *lex fori* doit seule servir à décider les questions relatives aux *modes de preuves.*

(3) V. art. 1391 du C. civ. italien.

(4) V. art. 1355 et suiv. du C. civ. italien.

savoir s'il peut être déféré par la partie ou par le juge au sujet d'un fait allégué, la loi applicable sera celle en vigueur dans le pays où ce fait a eu lieu.

124. *Livre des commerçants.* — Ce principe s'applique aussi à la force probante des livres des commerçants. Ce mode de preuve doit dès lors être réglé par la loi du lieu où ces livres ont été tenus. La *lex fori* n'est pas applicable, parce qu'il ne s'agit pas d'une question relative aux formes de la procédure, mais d'une question qui a trait au fond du procès (1).

125. *Exceptions tirées de l'ordre public.* — Toutefois, en vertu de la règle exceptionnelle que nous avons déjà plusieurs fois appliquée, les tribunaux italiens ne pourront pas observer les lois étrangères, sous l'empire desquelles se sont produits les faits qu'on veut établir par des moyens de preuve invoqués, quand ces moyens de preuve, s'ils étaient admis, dérogeraient au droit public italien. Nous devons répéter ici l'observation que nous avons faite plusieurs fois, que si l'article 12 des dispositions préliminaires du Code civil italien était pris à la lettre, il détruirait tous les principes du droit privé international que nous avons précédemment énumérés, et détruirait également la règle que nous venons d'exposer en en faisant une lettre morte. Si on admet, en effet, que dans aucun cas une loi étrangère ne pourra déroger à une loi prohibitive italienne concernant les actes, il en résulte que l'on devra entièrement rejeter un moyen de preuve proposé par les parties, s'il est prohibé par quelque disposition du Code civil italien. Pour prendre un exemple, la disposition de l'article 1311 du Code civil italien relative à la preuve testimoniale ayant un caractère prohibitif, il serait nécessaire de l'appliquer à un contrat conclu dans un pays dont le législateur admet la preuve testimoniale d'une façon illimitée, et l'on restreindrait ainsi le principe qu'il appartient à la *lex loci contractus* de déterminer les moyens de preuve de la convention qui a été conclue sur le territoire soumis à son empire. Tel est le motif pour lequel l'article 12 doit, en matière de preuve, être entendu dans le sens qu'on ne peut pas déroger au droit public italien, ou en d'autres termes aux lois relatives à l'ordre public et aux bonnes mœurs.

Ainsi, si l'on demandait, au moyen d'un mode de preuve, d'établir un contrat qui, par exemple, aurait pour objet l'exercice de la contrebande au préjudice du Trésor italien, cette preuve devrait être

---

(1) Fœlix, t. I, n° 318. — Voir en sens contraire Schæffner, n° 157, *cit.* Cet auteur soutient, d'une façon générale, ainsi que nous l'avons déjà dit, que les *modes de preuves* sont réglés par la *lex fori*.

refusée, bien que la *lex loci contractus* ne s'opposait pas à ce qu'elle fût reçue.

Aux termes de la règle de droit consacrée par l'article 12 dont s'agit, les citoyens italiens ne peuvent point déroger aux lois prohibitives pas plus à l'étranger que dans leur patrie (voir titre 1er de cette étude, § 13). Dès lors, si un contrat avait été conclu à l'étranger entre Italiens, les autorités judiciaires italiennes devraient rejeter un moyen de preuve, par exemple la preuve testimoniale, dans les cas où ce mode de preuve serait prohibé par le Code civil italien, et surtout si les témoins indiqués étaient eux-mêmes Italiens. En effet, lorsque le contrat doit être exécuté en Italie, les contractants sont en faute de ne pas s'être conformés aux prescriptions de leur loi nationale. S'ils pouvaient à leur gré se prévaloir de la preuve testimoniale même en Italie pour établir les contrats conclus à l'étranger, il leur serait très facile de se soustraire par la fraude aux lois qui règlent la preuve testimoniale. En effet, pour atteindre ce résultat, il suffirait d'établir que la convention a été conclue dans un pays étranger, et les dispositions en vigueur dans ce lieu seraient appliquées, bien que l'acte eût été réellement conclu en Italie.

126. L'exception dont nous venons de parler s'applique non seulement aux contrats, mais encore aux matières non contractuelles. Supposons, par exemple, qu'un étranger, pour participer à une succession ouverte en Italie, demande à prouver par témoins la paternité naturelle du défunt. Il est certain que les tribunaux italiens devraient rejeter cette demande, même dans le cas où les faits allégués auraient eu lieu sous l'empire d'une législation qui n'interdirait pas la recherche de la paternité naturelle. Nous avons vu en effet (titre 1er de cette étude, § 25), que la disposition consacrée par le législateur italien pour interdire cette recherche, reposait sur des considérations de moralité publique, et, en d'autres termes, avait pour but la protection des bonnes mœurs.

127. *Exécution des jugements étrangers.* — Le législateur italien, dans le second alinéa de l'article 10 des dispositions préliminaires du Code civil, s'occupe de l'exécution des jugements prononcés par les autorités étrangères en matière civile. Il y établit que ces jugements « recevront leur exécution dans le royaume, lorsqu'ils auront « été déclarés exécutoires dans les formes établies par le Code de « procédure civile, sauf les dispositions des conventions internatio- « nales. » L'article 941 du Code de procédure civile italien établit ces formes en disposant que : « la *force exécutoire* est donnée aux « sentences des autorités judiciaires étrangères par la Cour d'appel « dans la juridiction de laquelle elles doivent être exécutées, à la

« suite d'une *instance de délibation*, dans laquelle la Cour examine:

« 1° Si la sentence a été prononcée par une autorité judiciaire
« compétente ;

« 2° Si elle a été prononcée, les parties régulièrement citées ;

« 3° Si les parties ont été légalement représentées ou ont été lé-
« galement défaillantes ;

« 4° Si la sentence contient des dispositions contraires à l'ordre
« public ou au droit public intérieur du royaume. »

128. *Les jugements étrangers, ne sont pas révisés, mais seulement revêtus de la force exécutoire par le juge italien.* — Il résulte de cette disposition, qui est identique à celle de l'article 683
du Code de procédure civile sarde de 1859, qu'étant donnés les différents systèmes adoptés par les législateurs en ce qui concerne
l'exécution des jugements étrangers, le législateur italien n'a pas
admis celui qu'on peut appeler système d'exclusion, en vigueur en
France, en Belgique, en Portugal, en Russie, en Suède, en Nor-
vège, dans les Pays-Bas et dans un certain nombre des États, dont
la réunion a formé le royaume d'Italie. D'après ce système, le jugement étranger est considéré ou bien comme non avenu, et perd par
cela même l'autorité de chose jugée, ou bien la révision du fond du
procès opérée par le juge national devient nécessaire pour que ce
jugement puisse être exécuté. En effet, l'article 941 précité établit
les règles relatives à la *force exécutoire* à accorder aux sentences des
autorités judiciaires étrangères. En parlant uniquement de force
exécutoire, ou bien du jugement étranger comme *titre exécutoire*,
base d'un jugement d'expropriation des biens possédés par le débiteur, il veut dire que l'on ne doit pas confondre avec cette force
exécutoire les *effets* qui dérivent de ce jugement. En d'autres termes,
si la sentence étrangère a besoin d'être soumise à l'instance en
délibation pour servir de base à de véritables actes d'exécution,
elle n'a, au contraire, pas besoin d'être suivie d'une telle instance
pour avoir force probante, pour être en d'autres termes produite
devant les tribunaux comme un titre légal, comme on le ferait de
tout autre acte public reçu en pays étranger.

Cette distinction entre la force légale de l'acte et sa force exécutoire, qui a été consacrée par la jurisprudence italienne, ainsi que
cela résulte des arrêts de la Cour de cassation de Turin du 18 mai
1864, du 21 février 1879, de la Cour d'appel de Gênes du 10 février
1866, de la Cour d'appel d'Ancône, section de Macerata, du 31 décembre 1866, de la Cour d'appel de Parme, section de Modène (1),

---

(1) *Collesione uffisiale*, sezione dei ricorsi, p. 105; — *Giurispru-*

du 7 août 1877, avait été clairement indiquée par l'article précité. Cet article, en effet, ainsi que nous l'avons dit, parle uniquement de la force exécutoire sans faire mention de la force légale. Du reste, il résulte d'autres dispositions de la législation italienne, qu'un acte émanant de l'étranger et dûment légalisé peut produire *ipso jure* quelques effets juridiques, sans qu'il soit besoin de poursuivre aucune instance devant une autorité judiciaire nationale. Ainsi, aux termes de nos lois civiles, on peut présenter aux officiers de l'état civil les actes délivrés par des autorités étrangères, pourvu qu'ils soient dûment légalisés par le ministre des affaires étrangères ou par les autorités par lui déléguées (1), et les actes de l'état civil reçus dans un pays étranger *font foi*, lorsqu'on a observé les formes établies par la loi du lieu (2). De même les jugements rendus et les actes reçus en pays étranger, lorsqu'ils sont dûment légalisés, peuvent être rendus publics en Italie au moyen de la transcription (3), et dès lors produire les effets qui en dérivent, en d'autres termes être opposables aux tiers (4). De même aussi le législateur italien, abandonnant l'excessive rigueur dont étaient empreints le Code civil français (5), le Code Charles Albert (6) et les autres Codes italiens (7), dispose que l'on peut prendre inscription hypothécaire en vertu d'un acte reçu en pays étranger, pourvu qu'il soit dûment légalisé (8), et par conséquent permet de se prévaloir des effets de cette inscription.

129. Les jugements étrangers ne perdent donc pas en Italie la force de chose jugée, dont ils jouissaient dans le pays où ils ont été rendus ; ils ne sont dès lors pas considérés comme non avenus. D'autre part, parmi les conditions requises pour l'exécution de ces actes ne se trouve pas comprise la révision du procès au fond, l'instance qui est poursuivie devant la Cour d'appel du lieu où l'on veut faire exécuter le jugement, n'étant qu'une simple instance de *délibation*. Cette instance n'a pas pour but de fournir un nouveau champ où les

---

denza, 1879, p. 461 ; — *Gazetta dei Tribunali*, XVIII, p. 361 ; — *Annali*, 1867, 2ᵉ partie, p. 156 ; — *La Legge*, 1877, p. 820.

(1) Art. 42, 1ᵉʳ alin. du règlement pour l'exécution du C. civ. italien, promulgué par décret royal du 19 octobre 1865.

(2) Art. 367, C. civ. italien.

(3) Art. 1935, C. civ. italien.

(4) Art. 1942, C. civ. italien.

(5) Art. 2128.

(6) Art. 2188.

(7) Art. 2182 du Code de Parme ; art. 2182 du Code de Modène.

(8) Art. 1990, C. civ. italien.

parties pourront de nouveau exposer leurs prétentions contraires. On doit en effet présumer que le tribunal étranger a consciencieusement accompli le devoir qui lui incombait de décider en faveur de la partie dont la prétention était fondée. Aussi la Cour, qui rend le jugement étranger exécutoire, doit-elle s'abstenir de connaître en aucune manière du fond du procès.

Ce principe a été consacré à plusieurs reprises par la jurisprudence italienne, qui a décidé que la Cour saisie de l'instance en *délibation* ne peut pas examiner les motifs du jugement étranger qu'on veut exécuter, ni chercher à apprécier les preuves qui ont déterminé le tribunal dont émane ce jugement à considérer comme justifiées les conclusions du demandeur, et encore moins rechercher si ce jugement est ou non contraire aux principes généraux de la justice. Toutes ces recherches ont trait au fond de l'affaire, qui reste en dehors de la compétence de la Cour saisie de l'instance en délibation. C'est en ce sens qu'ont été rendus les arrêts de la Cour de cassation de Naples du 6 décembre 1866 (1), de la Cour de cassation de Florence du 23 décembre 1867 (2), des Cours d'appel de Venise du 9 février 1875 (3), de Florence des 30 juin et 19 août 1875 (4), de Milan du 19 juillet 1875 (5).

130. *Points sur lesquels porte l'examen du juge italien.* — Toutefois l'*exequatur* accordé par la Cour d'appel ne se réduit pas à une pure formalité, puisque cette Cour doit rechercher si le jugement qu'il s'agit d'exécuter a les caractères d'une véritable décision judiciaire, de voir en d'autres termes si le tribunal étranger a observé les formalités essentielles requises en tous lieux pour qu'une instance soit considérée comme régulière. Il a, en effet, été établi que la Cour doit examiner si le jugement a été rendu par des juges compétents, si les parties ont été régulièrement citées, légalement représentées ou légalement défaillantes. Dans le cas où la réponse à ces demandes est négative, la présomption que le jugement étranger est l'expression de la vérité n'aurait plus aucun fondement, et cette décision n'aurait plus d'un jugement que le nom. De plus, pour rendre hommage au principe maintes fois rappelé, le législateur a donné à la Cour la mission de rechercher si le jugement contient des dispositions contraires à l'ordre public ou au droit public intérieur du royaume.

(1) *Annali*, 1867, 1re partie, 1re sect., p. 119.
(2) *Annali*, 1868, 1re partie, 1re sect., p. 35.
(3) Bettini, *Giurisprudenza italiana*, 1875, 1re partie, p. 210.
(4) *Annali*, 1875, 2e partie, p. 109 et 141.
(5) Bettini, 1876, 1re partie, p. 61.

131. L'instance en délibation n'a pas toutefois pour but de sauvegarder l'intérêt des parties au procès. On présume, en effet, que le tribunal étranger qui a tranché leur différend, y a pourvu. La Cour ne pourrait dès lors pas examiner le fond de l'affaire, sans empiéter sur la juridiction du tribunal étranger. Cette instance a principalement pour objet de mettre à l'abri de toute atteinte la souveraineté nationale, en opposant une barrière insurmontable aux décisions judiciaires qui se trouvent en opposition avec l'ordre public ou le droit public interne. Elle est en outre destinée, ainsi que nous l'avons déjà dit, à constater si les formalités essentielles partout requises pour qu'une instance soit considérée comme régulière ont été observées.

132. Il est hors de doute que cette constatation constitue un grand obstacle à l'exécution des jugements et que parfois, comme dans le cas où il s'agit de rechercher si le tribunal qui les a rendus était compétent, elle conduit indirectement à l'examen du fond du procès. Aussi serait-il désirable, à notre avis, que l'on introduisît quelques modifications à la loi sur ce point. Il devrait suffire, pour accorder l'*exequatur*, que l'on justifiât par la production des pièces à ce nécessaires, délivrées par le greffe du tribunal étranger qui a rendu le jugement, que ce jugement a été régulièrement rendu et a dès lors acquis force de *chose jugée*, de façon a être devenu exécutoire dans le pays où il a été rendu. Cela une fois prouvé, l'exécution devrait être ordonnée, par suite de la présomption que dans le cas où les règles relatives à la compétence, à la citation en justice, à la représentation légale ou au défaut des parties auraient été violées, le plaideur qui aurait été condamné aurait pu, à l'aide des recours ordinaires ou extraordinaires qui lui sont accordés par toutes les législations, empêcher que le jugement rendu à son préjudice n'acquît force de chose jugée. Dès lors, la mission de la Cour, dans l'instance de *délibation*, consisterait uniquement à examiner si le jugement étranger porte atteinte à l'ordre public ou au droit public interne.

133. Il est évident que le système admis par le législateur italien, et consacré par les traités conclus entre l'Italie d'une part, les républiques de Guatémala, de Honduras, de Costa Rica, du Pérou et la Serbie d'autre part (1), surtout quand il contient la modification que

---

(1) Art. 20 du traité de commerce et de navigation du 31 décembre 1863 avec le Guatémala; art. 20 du traité conclu à la même date avec le Honduras; art. 7 du traité du 6 mai 1873 avec la République de Costa Rica; art. 18 du traité du 23 déc. 1871 avec le Pérou (*Raccolta cit.*, t. III, p. 201; t. V, p. 58, 163; t. VI, p. 616). Ces articles, pour l'exécution des jugements et des ordonnances en matière civile et commerciale

nous venons d'indiquer, est parfaitement rationnel. En effet, l'administration de la justice et la solidarité qui existe entre les États exigent que tout jugement définitif régulièrement rendu, soit tenu pour juste en tous lieux et comme tel exécuté, toutes les fois que ce jugement n'est pas contraire à l'ordre public interne. Entreprendre d'examiner la justice d'un jugement définitif, c'est porter atteinte à la juridiction du magistrat qui l'a rendu. Ce système est, en outre, conforme aux convenances internationales et à l'utilité réciproque des divers États. La rapidité avec laquelle on traverse le monde est peu en harmonie avec la lente et pénible procédure des décisions judiciaires, qui, ou bien ne passent point la frontière du pays où elles ont été rendues, ou bien rencontrent pour être exécutées à l'étranger tant de difficultés qu'elles perdent l'autorité qu'elles avaient acquise. En effet, dans beaucoup d'États, le système en vigueur consiste à subordonner l'exécution des jugements étrangers à un nouvel examen du procès, de telle sorte que ces jugements sont considérés comme non avenus et perdent la force de *chose jugée* qu'ils avaient dans le pays où ils avaient été rendus.

134. *Proposition d'une conférence internationale.* — C'est pour ce motif qu'en 1874 le gouvernement hollandais a proposé à tous les États étrangers de réunir une conférence internationale, dans le but d'élaborer et de formuler des règles uniformes pour déterminer, par une convention, les bases et les limites de la compétence des tribunaux des différents États dans leurs rapports réciproques, et pour faciliter dans tous les États l'exécution des jugements étrangers.

Nous sommes très heureux que le gouvernement italien ait été le premier à accueillir favorablement cette proposition. Il ne pouvait en être autrement, parce que, de l'avis même des auteurs étrangers les plus autorisés, on peut dire que la législation italienne est la plus libérale de toutes en ce qui concerne l'exécution des jugements étrangers. L'exemple de l'Italie fut suivi par beaucoup d'autres nations; cependant, les négociations ouvertes par le gouvernement hollandais n'aboutirent pas, tous les États n'ayant pas adhéré aux propositions de ce gouvernement (1).

émanant des tribunaux d'un des États contractants et dûment légalisés, sur le territoire de l'autre État, exigent les mêmes conditions que celles qui sont requises par la législation italienne. L'art. 12 de la convention consulaire des 28 octobre et 9 novembre 1879 entre l'Italie et la Serbie statue dans le même sens (*Raccolta ufficiale delle legge et decreti del Regno d'Italia,* n° 5361, série 20).

(1) V. Le droit international privé au Parlement hollandais, *Journal du droit internat. privé,* 1879, p. 369.

135. Il est à désirer que les gouvernements italien et hollandais se mettent d'accord pour reprendre ces négociations, dont les bases, à notre avis, devraient être les suivantes :

1° Établissement de règles uniformes sur la compétence des tribunaux. De cette façon, on exclurait la nécessité des recherches que font actuellement les Cours saisies de l'instance en *délibation*, pour constater que les jugements dont l'exécution est requise ont été rendus par des juges compétents, recherches qui, ainsi que nous l'avons vu, conduisent indirectement à un nouvel examen du fond du procès.

2° Un nouvel examen au fond ne doit être en aucune façon exigé pour obtenir l'*exequatur*. On en arriverait ainsi, en rendant hommage à la communauté du droit et à la solidarité qui existe entre États, à faciliter beaucoup, au grand avantage du commerce international, l'exécution des jugements étrangers par l'abandon dans tous les pays du système suranné d'*exclusion*.

3° Le demandeur en *exequatur* doit prouver, à l'aide de pièces, à ce nécessaires, délivrées par le greffier du tribunal étranger d'où émane le jugement, que ce jugement a été régulièrement rendu, a acquis force de chose jugée et qu'il est devenu exécutoire dans le pays où il a été rendu. La production de telles pièces rendrait inutiles les recherches que font actuellement les Cours en *délibation* sur la régularité de la citation, la représentation légale et le défaut légal des parties.

4° L'*exequatur* ne sera pas accordé lorsque le jugement contiendra des dispositions contraires à l'ordre public ou au droit public interne de l'État où l'on veut faire exécuter cette décision.

L'Institut de droit international, dont nous avons l'honneur d'être membre effectif depuis sa fondation, après un examen approfondi de la question des jugements étrangers, dans sa session de 1878, à Paris, et à la suite d'un savant rapport de l'honorable professeur Asser, a adopté des conclusions qui ne diffèrent pas en substance de celles que nous venons d'exposer (1).

136. *Exécution des jugements des consuls italiens.* — Il nous reste à analyser l'article 941 du Code de procédure civile italien. Cet article exige l'instance en *délibation* pour les sentences prononcées par des *autorités judiciaires étrangères*. Tels ne sont pas les jugements rendus par les consuls ou par les tribunaux consulaires italiens dans les pays où les traités sur les usages internationaux admettent l'exer-

____

(1) V. *Annuaire de l'Institut de droit international*, 1879-80, 1re partie, p. 961, où sont rapportées les conclusions adoptées par l'Institut dans sa 4e session, tenue le 5 septembre 1878.

cice de la juridiction consulaire (1). En effet, ces jugements, quoique rendus en pays étrangers, émanent non d'autorités judiciaires étrangères, mais d'autorités nationales, et doivent, pour cette raison, être assimilés aux jugements rendus par les tribunaux de l'État, cela surtout, parce qu'en vertu du principe d'*exterriorialité*, ces jugements doivent être considérés comme rendus en Italie. C'est pour cette raison que pour l'exécution en Italie des jugements rendus par les consuls et les tribunaux consulaires, il n'est pas besoin d'instance en *délibation* (2). Dans ce cas, il suffit, aux termes de l'article 179 de la loi consulaire italienne du 28 janvier 1866, que ces jugements aient été légalisés par le ministre des affaires étrangères ou par des fonctionnaires à ce par lui délégués. De même cet article dispose que les jugements prononcés en Italie ne pourront pas être admis et exécutés par les agents consulaires, s'ils n'ont pas été préalablement légalisés de la manière que nous venons d'indiquer. Cette légalisation est suffisante, sans qu'il soit besoin d'aucune autorisation d'*exequatur*, parce que l'exécution dans une circonscription consulaire italienne a lieu comme si elle était faite sur le territoire italien.

137. *Non exécution des jugements étrangers par défaut.* — C'est un principe consacré avec raison par la jurisprudence, qu'un jugement étranger ne peut être rendu exécutoire, si ce jugement n'est pas exécutoire aux termes de la loi du lieu où il a été rendu. En effet, il est inadmissible qu'un titre qui n'est pas exécutoire là où il a été délivré puisse l'être en Italie. Ce principe a été appliqué par les Cours d'appel de Milan et de Turin, qui, dans leurs arrêts des 25 novembre 1873 et 25 juillet 1879 ont décidé qu'aux termes de l'article 156 du Code de procédure civile français, les jugements par défaut devant être exécutés dans le délai de six mois, sous peine d'être considérés comme non avenus, on ne peut plus, ce délai passé, demander l'exécution de ces jugements eu Italie en introduisant une instance de *délibation* (3).

138. *Compétence des Cours d'appel en matière de délibation et procédure.* — Le législateur italien a donné la connaissance de l'in-

---

(1) V. notre ouvrage intitulé : *Diritto diplomatico e giuridizione internazionale marittima*. T. II, 1re partie, *Dei consolati*, tit. VII, ch. IV, 2e sect., où nous traitons de la juridiction des consuls dans les États musulmans.

(2) V. l'ouvrage cité, note précédente, tit. VII, ch. V, 5e sect. § 487.

(3) *Annali* : 1871, 2e partie, p. 89; 1879, 3e partie, p. 395; — *La Legge*, 1880, 1re partie, p. 197.

stance en *délibation* à la Cour d'appel dans la juridiction de laquelle le jugement doit être exécuté. En effet, le contrôle qui est exercé par la magistrature italienne sur les jugements étrangers, comme le disait la Cour de cassation de Florence, dans ses arrêts des 23 décembre 1867 et 20 juin 1870, présente les caractères substantiels d'un appel d'une décision des juges étrangers déféré aux tribunaux nationaux, appel sinon complet et absolu, du moins d'une nature spéciale et limité à des points de la plus grave importance et énumérés dans l'article 941 du Code de procédure civile.

Il est hors de doute que dans l'instance en *délibation* on ne rencontre pas les deux éléments qui sont essentiels en matière d'appel : 1° la dépendance des juges de première instance de ceux d'appel; 2° le nouvel examen de l'affaire au fond, par la Cour, qui réforme le jugement dont est appel, quand il ne lui paraît pas suffisamment juridique. En effet, il ne saurait exister aucun rapport de dépendance entre des juges de pays différents, chacun rendant la justice au nom de la souveraineté de son pays, et la Cour saisie de l'instance en *délibation* n'est pas appelée à examiner de nouveau l'affaire au fond et encore moins à réformer le jugement étranger qui ne lui paraît pas juridique, mais à dire si ce jugement remplit les conditions nécessaires pour être exécuté en Italie (1). Toutefois, si l'instance de *délibation* ne peut pas être qualifiée, à proprement parler, d'instance d'appel, elle constitue néanmoins une instance d'appel *sui generis*. En effet, si la Cour qui en est saisie n'est pas supérieure au tribunal étranger qui a rendu le jugement, elle n'examine pas moins de nouveau ce jugement sinon complètement, du moins d'une façon partielle. De plus, dans les instances en *délibation*, les magistrats n'ont pas seulement à s'occuper des droits des particuliers, mais aussi de très importants intérêts d'ordre public et de souveraineté nationale ; ils connaissent de l'application des conventions internationales, des attributions des différentes juridictions et des formes essentielles des instances civiles. Ce sont ces considérations qui ont fait soustraire les instances de *délibation* aux tribunaux de première instance, pour les déférer aux Cours d'appel, qui sont compétentes en premier et dernier ressort.

139. Avant de parler des quatre points sur lesquels doit porter l'examen de la Cour, nous allons examiner comment est introduite l'instance en *délibation*. Cette instance peut être introduite de deux manières : par *voie ordinaire*, ou par *voie diplomatique*. Par voie

______

(1) Ricci, *Corso di Procedura civile*, t. III, n° 526; — Mattirolo, *cit.*, t. VI, n° 777.

ordinaire, aux termes de l'article 942 du Code de procédure civile italien, elle est introduite par une citation en matière sommaire de tous les intéressés. La partie qui introduit cette instance doit produire le jugement en forme authentique. Il est évident que l'authenticité sera réglée d'après la loi du lieu où le jugement a été rendu (1). Il sera toutefois toujours nécessaire que les signatures soient dûment légalisées et que l'on observe les dispositions des lois italiennes sur l'impôt du timbre et de l'enregistrement, du 13 septembre 1874. (Voir 1re partie de cette étude, §§ 31 et 32.)

Bien que la présentation du jugement en forme authentique soit seule exigée, toutefois, la Cour d'appel devant examiner si le jugement a été régulièrement rendu par le tribunal étranger, en ce qui a trait à la *compétence*, à la *citation des parties*, à la *représentation* ou au *défaut* des parties, il est évident qu'au jugement on devra joindre les actes de citation qui ont été délivrés au début de l'instance introduite devant le tribunal étranger, les textes légaux relatifs à la question de compétence, dans le cas où sur ce point les parties seraient en désaccord, les procurations, et dans les cas spéciaux les autorisations nécessaires pour justifier à la Cour que les parties ont été régulièrement représentées dans l'instance.

La force exécutoire à accorder aux jugements étrangers est requise *par voie diplomatique*, au moyen d'une commission rogatoire émanant le plus souvent du tribunal qui a rendu le jugement. Toutefois, l'instance en *délibation* n'est pas complètement liée par la commission rogatoire ; il est encore nécessaire que les parties intéressées à poursuivre l'exécution du jugement citent les autres parties au procès de la même manière que dans le cas où l'instance est introduite par la voie ordinaire. En effet, aux termes de l'article 942 du Code de procédure civile italien, lorsque l'exécution d'un jugement est requise par voie diplomatique, et que la partie intéressée n'a pas constitué un avoué pour introduire l'instance en *délibation*, la Cour d'appel, sur les conclusions du ministère public, nomme d'office à cette partie un avoué, qui l'introduit en son nom.

Ce même article 942 prescrivait que le ministère public devait être entendu au cours de l'instance en *délibation*. Cette disposition était en harmonie avec les lois qui, à l'époque de la promulgation du Code de procédure civile, déterminaient les attributions du ministère public. Aux termes de ces lois, le représentant du gouvernement près les tribunaux devait donner des conclusions dans

____

(1) V. l'arrêt de la Cour d'appel de Venise du 21 mai 1874, Bettini, t. XXVI, 2e partie, p. 605.

toutes les affaires intéressant l'ordre public. Et, comme dans l'instance en *délibation* la Cour d'appel doit, entre autres choses, examiner si le jugement étranger ne contient rien de contraire à l'ordre public, il était logique que le ministère public dût prendre des conclusions au cours de cette instance. Mais, aux termes de la loi du 28 novembre 1878, le ministère public près les Cours d'appel et les tribunaux n'est plus obligé de prendre des conclusions dans les *instances civiles*, sauf dans les causes matrimoniales et dans les cas où, aux termes de la loi, il procède par voie d'action directe. L'instance en délibation étant une instance civile, il en résulte que les conclusions du ministère public en cette matière ne sont plus obligatoires et ne peuvent plus avoir lieu que lorsque le ministère public a lui-même requis la communication des pièces ou que cette communication a été ordonnée d'office par la Cour d'appel, qui a voulu avoir l'avis du représentant du gouvernement. En effet, la loi de 1878 dispose que demeurent réservées les dispositions de la loi abrogée pour les articles 346 du Code de procédure civile et 140 de la loi sur l'organisation judiciaire. Or, c'est aux termes de ces articles que le ministère public est autorisé à demander la communication des pièces dans toutes les affaires où il la croit nécessaire pour l'observation de la loi ou dans l'intérêt de la justice, et que l'autorité judiciaire peut ordonner d'office cette communication (1).

140. *Points à examiner par la Cour d'appel dans les jugements étrangers.* — 1° *Compétence du juge étranger.* — Nous allons maintenant analyser les quatre points qui forment l'objet de l'examen de la Cour d'appel saisie de l'instance en *délibation*. En premier lieu, cette Cour doit rechercher si le jugement auquel on veut donner force exécutoire a été rendu par des juges compétents. La compétence étant réglée par la *lex fori*, ainsi que nous l'avons dit plus haut (voir § 102), on devra se reporter à cette loi pour décider si le jugement étranger a été rendu par un tribunal compétent. C'est en ce sens qu'a statué la Cour de cassation de Naples, par

______

(1) Mattirolo, *cit.*, t. VI, n° 775. Cet auteur fait remarquer dans une note que la loi de 1875 n'apporte pas de modification à l'institution du ministère public, sinon en ce qui concerne son obligation d'assister aux audiences et de conclure dans les affaires civiles. Il ajoute qu'aucune innovation n'a été faite en ce qui concerne les autres attributions du ministère public, que dès lors on doit admettre que l'*attribution spéciale* qui lui est donnée par l'article 912, pour demander d'office à la Cour d'appel (requise par voie diplomatique de rendre exécutoire un jugement étranger), de nommer d'office un avoué à la partie intéressée n'est nullement abrogée en vertu de la loi de 1875.

arrêt du 6 décembre 1866. En effet, cette Cour faisait remarquer avec raison, qu'il appartenait à la souveraineté du lieu du jugement de répartir les pouvoirs publics au mieux des intérêts de ses sujets. Toutefois, ce principe doit être combiné avec celui qui est formulé au n° 4 de l'article 941 du Code de procédure civile, aux termes duquel aucune atteinte ne doit être portée au droit public du royaume. Dès lors, si l'autorité judiciaire étrangère avait abusivement étendu sa compétence, sa décision ne pourrait avoir aucun effet en Italie. Cela étant, la Cour conclut que la décision sur la compétence du juge étranger doit être régie par les deux principes que nous venons d'indiquer (1).

Étant donné le principe que la compétence doit être appréciée d'après la loi étrangère, et non d'après la loi italienne, la Cour de cassation de Turin, dans son arrêt du 6 octobre 1872, a décidé que dans le cas où la Cour saisie de l'instance en délibation est appelée à examiner une exception tendant à faire déclarer que le tribunal étranger n'était pas compétent, elle doit statuer sur cette exception, sauf à se faire donner tous les renseignements qui sont nécessaires pour résoudre une semblable question (2).

141. 2° *Citation régulière des parties.* — En second lieu, la Cour d'appel doit examiner si le jugement étranger a été rendu, les parties régulièrement citées. En effet, on ne saurait reconnaître aucune valeur à un jugement lorsqu'il existe une irrégularité dans la citation des parties, et que, par conséquent, elles n'ont pu se défendre. De même, pour ce qui est de la régularité de la citation, soit en ce qui concerne l'exploit, soit en ce qui a trait à la notification de cet exploit et au délai assigné pour comparaître, on devra s'en référer aux lois du lieu où le jugement a été rendu. C'est là une conséquence de la règle *locus regit actum*, qui régit indistinctement tous les actes aussi bien judiciaires qu'extra-judiciaires. Du reste, nous avons vu (§ 102), que la *lex fori* règle non seulement la compétence, mais aussi les *formes des procédures.* Or, la régularité de la citation se rapporte aux formes de la procédure.

C'est en ce sens qu'a statué la Cour d'appel de Brescia dans son arrêt du 1ᵉʳ août 1871. Aux termes de l'article 69, n° 9 du Code de procédure civile français, les personnes résidant à l'étranger sont citées au moyen de la remise de l'acte de citation au domicile du procureur de la République devant le tribunal duquel doit être portée l'affaire : le procureur de la République appose son visa sur l'ori-

---

(1) *Annali*, 1866, 1ʳᵉ partie, p. 119.
(2) *Annali*, 1872, 1ʳᵉ partie, p. 402.

ginal et en transmet une copie au ministre des affaires étrangères, qui la fait parvenir, par voie diplomatique, à l'agent diplomatique français accrédité près du gouvernement sur le territoire duquel réside ou est domicilié le défendeur. L'agent diplomatique, à son tour, transmet la copie de la citation au ministre des affaires étrangères du gouvernement près duquel il est accrédité, pour que ce ministre en assure la notification à la personne du défendeur. Dans l'espèce, il s'agissait d'un Italien qui avait contracté une obligation en France. Cette obligation devait être exécutée en France, bien que l'obligé fût domicilié en Italie et n'eût fait aucune élection de domicile en France. Cité devant le tribunal français en la forme que nous venons d'indiquer, il ne comparut point et il fut condamné par défaut. On introduisit devant la Cour d'appel de Brescia une instance en *délibation* pour donner force exécutoire au jugement rendu en France. Le défendeur prétendit qu'il n'avait pas, en réalité, reçu à temps la notification de la citation. Ce nonobstant, la Cour, après avoir constaté que la citation avait été régulièrement faite, d'après les prescriptions de la loi française, repoussa l'exception du défendeur (1).

Cette décision a été critiquée comme beaucoup trop rigoureuse, parce que les principes généraux de la procédure veulent, non seulement que la citation vienne du demandeur et soit transmise par lui, mais encore qu'elle soit portée à la connaissance du défendeur. La *vocatio in jus* ne peut se dire effectivement faite que lorsque la personne que l'on veut appeler devant le magistrat a réellement reçu l'invitation de comparaître. Auparavant, cette personne ne peut pas apprécier la demande ni par conséquent proposer ses moyens de défense. On en conclut que l'on ne devrait pas considérer comme régulier et valable le jugement étranger, lorsque la légitime défense, qui en est le premier fondement, est ainsi supprimée ou quand elle est ainsi entravée ou précipitée (2).

En vérité, il serait grandement à désirer que toutes les lois des différents peuples pourvussent à ce que la citation en justice des étrangers ne fût pas réduite à une pure formalité pour établir leur

(1) *Annali*, 1871, 2ᵉ partie, p. 575. Voir encore dans le même sens les arrêts de la Cour d'appel de Naples du 15 avril 1868, de la Cour d'appel de Florence du 7 avril 1860, de la Cour de cassation de Turin du 3 octobre 1871 (*Gazzetta del Procuratore*, Naples, 1868, p. 395; — *Annali*, 1869, 2ᵉ partie, p. 18; *Giurisprudenza*, Turin, 1872, p. 22.

(2) DE ROSSI. *La esecuzione delle sentenze e degli atti delle autorità straniere secondo il Codice di procedura italiano*, ch. VII, § 1.

défaut légal devant le tribunal saisi de l'affaire, mais qu'elle fût
organisée de façon à prévenir efficacement le défendeur qu'il est
appelé à se défendre (1). Du reste, les vœux de la science sont que
les dispositions des Codes de procédure des différents pays soient
conformes à ce principe.

Toutefois, la législation italienne ayant établi que les formes des
procédures sont réglées par la *lex fori*, la Cour de Brescia ne pouvait point négliger cette disposition de la loi, et il était stricte-
ment de son devoir de considérer comme régulière la citation d'un
Italien près d'un tribunal français dans la forme prescrite par la loi
française. On présume, et c'est une présomption *juris et de jure*,
que la citation notifiée au ministère public arrive à temps utile à la
connaissance du défendeur. On peut douter, en droit abstrait, de la
légitimité de cette présomption; mais, en droit positif, le commen-
tateur et le magistrat ne peuvent faire autrement que de faire l'application de cette présomption (2).

142. 3° *Représentation régulière ou défaut légal des parties.* —
En troisième lieu, la Cour saisie de l'instance en délibation doit
examiner *si les parties ont été légalement représentées ou légalement défaillantes.* Il ne suffit pas, en effet, pour que le jugement
soit considéré comme efficace, que la citation soit régulière, il faut
aussi qu'il soit établi que le défendeur s'est défendu ou a pu se
défendre. Ce point est également régi par la loi du pays où le
jugement a été rendu, parce que tant les parties au procès en liant
l'instance, que les juges étrangers en déclarant l'une des parties
défaillantes ne devaient avoir égard à aucune autre loi qu'à celle en
vigueur sur le territoire où avait lieu le procès.

143. 4° *Absence de dispositions contraires à l'ordre public italien.*
— En quatrième lieu, la Cour doit rechercher si le jugement *contient
des dispositions contraires à l'ordre public ou au droit public
interne du royaume.* Les trois points qui font l'objet de l'examen
de la Cour et que nous venons d'examiner ont pour but la protection des intérêts des particuliers. Le quatrième a pour résultat la
défense du droit de l'État, et constitue un exercice éminemment
légitime de la souveraineté nationale.

Ainsi, s'il s'agissait d'un jugement qui aurait reconnu une institution fidéi-commissaire, conformément à la loi nationale du disposant, qui permettrait une telle institution, et si le bénéficiaire de
cette substitution voulait exécuter ce jugement sur des biens situés

---

(1) Fiore. *Effetti internazionali delle sentenze et degli atti*, n° 102.
(2) Mattirolo, *cit.*, t. VI, n°ˢ 781, 782.

en Italie, la Cour d'appel saisie de l'instance en délibation ne pourrait pas accorder *l'exequatur*. En effet, c'est une loi d'ordre public que la disposition du Code civil italien d'après laquelle sont prohibées les substitutions fidéi-commissaires. (Voir titre II, n° 58, et titre III, n° 79, de cette étude).

Pour prendre un autre exemple, un jugement qui aurait déclaré valable un legs fait à une corporation religieuse faisant partie des corps moraux frappés par des lois italiennes qui en ordonnent la suppression, ne pourrait pas être exécuté sur des biens situés en Italie, ce jugement étant en ce qui concerne ces biens, contraire au droit public italien. (Voir titre Ier, § 20 de cette étude.)

144. Après que la Cour d'appel s'est assurée que le jugement a été rendu régulièrement en ce qui a trait à la compétence, à la citation des parties, à leur représentation légale ou à leur défaut légal, et qu'il ne contient aucune disposition contraire à l'ordre public ou au droit public interne du royaume, elle n'a plus le droit de se livrer à aucun autre examen. S'il en était autrement, l'instance en *délibation* serait transformée en une instance relative au fond de l'affaire, qui n'est nullement de la compétence de la Cour.

145. *Recours possible contre l'arrêt de délibation.* — Quant aux recours possibles contre la décision de la Cour d'appel, qui a refusé ou accordé la force exécutoire au jugement étranger, il est évident que, sauf l'appel, qui ne saurait être interjeté puisque la Cour juge en dernier ressort, toutes les autres voies de recours ordinaires et extraordinaires que la loi accorde pour attaquer les décisions judiciaires pourront être employées. En effet, bien que ce soit là une instance *spéciale* elle n'en reste pas moins soumise aux règles de droit commun en ce qui a trait aux garanties des procédures contentieuses établies pour assurer une bonne administration de la justice (1).

146. C'est dès lors avec raison, que dans son arrêt du 6 mai 1879, la Cour d'appel de Venise a décidé que les arrêts par défaut rendus dans les instances en délibation, sont susceptibles d'opposition, conformément aux articles 465, 474 et suivants du Code de procédure civile italien (2).

147. *Recours en cassation.* — En ce qui concerne le recours en cassation, la jurisprudence a résolu affirmativement la controverse qui s'était élevée relativement à l'admissibilité de ce recours contre les arrêts des Cours qui ont statué en matière de *délibation*. Le

____

(1) Mattirolo, *cit.*, t. VI, n° 819.
(2) *La Legge*, 1879, 1re partie, p. 511.

point de départ de cette controverse était le texte de l'article 517 du Code de procédure civile italien, aux termes duquel le recours en cassation est admis contre les sentences prononcées *en degré d'appel*. Or, nous avons vu que, dans l'instance en *délibation*, la Cour ne statue pas en appel, elle juge au contraire en premier et dernier ressort. Il semblerait dès lors que l'arrêt rendu par elle ne pourrait pas être déféré à la Cour de cassation.

Mais les Cours de cassation de Naples et de Florence, dans leurs arrêts des 6 décembre 1866, 23 décembre 1867 et 2 juin 1870, ont consacré le principe que les décisions des Cours d'appel en matière de *délibation* sont susceptibles de recours en cassation. La première de ces Cours faisait remarquer que la phrase *sentence prononcée en degré d'appel* employée dans l'article 517 du Code de procédure civile doit être entendue dans le sens de sentence *non susceptible d'appel*, parce que si la sentence est susceptible d'appel, elle peut être attaquée par la voie ordinaire de l'appel, sans qu'il soit besoin de la déférer à la Cour de cassation. Or, dans l'instance en *délibation*, la Cour d'appel a prononcé en première et dernière instance. Dès lors, son arrêt, bien que non rendu en second ressort, n'est plus susceptible d'aucune voie de recours ordinaire et peut être attaqué par un recours en cassation (1).

La Cour de cassation de Florence, de son côté, a admis, comme nous l'avions fait plus haut (§ 138), que le contrôle exercé par les Cours d'appel sur les jugements étrangers revêt les caractères essentiels d'un appel des juges étrangers aux juges italiens et a trait à des intérêts d'une grande importance; qu'il est dès lors complètement inadmissible que le législateur ait voulu, en écartant le recours en cassation, laisser régler ces graves intérêts par des décisions qui, émanant des différentes Cours d'appel du royaume, pourraient peut-être bien manquer d'uniformité (2). Les Cours d'appel de Lucques et de Venise ont statué dans le même sens dans leurs arrêts des 12 mai 1871 et 6 mai 1879 (3).

148. On pourrait aussi attaquer l'arrêt rendu par la Cour d'appel en matière de *délibation*, par la voie extraordinaire de la requête civile, dans l'un des cas prévus par l'article 494 du Code de procédure civile italien. Mais cette voie de recours ne peut être admise que contre cet arrêt et nullement contre le jugement rendu par le

---

(1) *Annali*, 1866, 1re partie, p. 110.

(2) *Annali*, 1867, 1re partie, p. 35; 1870, 1re partie, p. 180.

(3) *Annali*, 1871, 2e partie, p. 50; — *La Legge*, 1879, 1re partie, p. 511.

tribunal étranger. C'est en ce sens qu'a statué avec raison la Cour d'appel de Florence, dans son arrêt du 7 avril 1869. On avait demandé la révocation par voie de requête civile d'un jugement et d'un arrêt rendus en France, le premier par le tribunal de commerce de Marseille, le second par la Cour d'appel d'Aix, par le motif qu'ils avaient été le résultat d'un dol d'une des parties, et rendus par les juges dans l'ignorance de pièces décisives qu'on n'avait pu produire par le fait de cette même partie. La Cour déclara que la voie extraordinaire de la requête civile ne peut être employée, aux termes de l'article 948 du Code de procédure civile, que devant la même autorité judiciaire dont émane la sentence attaquée. Cette seule considération excluait toute possibilité pour cette Cour de pouvoir révoquer par voie de requête civile les décisions étrangères qui étaient attaquées (1).

149. *Tierce-opposition.* — L'arrêt déclarant exécutoire un jugement étranger pourra encore être attaqué par la voie de la tierce opposition, dans le cas où ce jugement porte atteinte aux droits d'un tiers, conformément aux articles 510 et suivants du Code de procédure civile italien.

150. *Traités diplomatiques sur l'exécution des jugements.* — *France.* — Nous allons maintenant dire un mot des conventions internationales relatives à l'exécution des jugements étrangers conclues par l'Italie avec d'autres États. En effet, aux termes de l'article 10 du titre préliminaire du Code civil italien (voir § 127), et aussi de l'article 950 du Code de procédure civile italien, les dispositions de la législation italienne relatives à l'exécution de ces jugements sont subordonnées aux stipulations de ces conventions.

Le 24 mars 1760, il intervenait, entre la Sardaigne et la France, un traité aux termes duquel il était convenu, dans l'article 22, § 3, que, « pour favoriser l'exécution réciproque des décrets et jugements, « les Cours suprêmes déféreront de part et d'autre, à *la forme de* « *droit,* aux réquisitions qui leur seront adressées à ces fins mêmes « sous les noms desdites Cours (2) ».

151. L'expression *à la forme de droit* fut généralement interprétée par les auteurs et par les tribunaux français dans le sens que les jugements des tribunaux sardes rendus contre un Français ne pouvaient pas être exécutés en France avant d'avoir été d'abord examinés de nouveau au fond par les magistrats français, qui ne leur accordaient la force exécutoire que dans le cas où ils leur parais-

---

(1) *Annali,* 1870, 2º partie, p. 101.
(2) Voir Fœlix t. I, nº 232 et suiv.

saient non seulement rendus par des autorités judiciaires compétentes, *mais encore conformes aux règles générales de la justice.* On ne pouvait pas, en effet, dire dans le cas contraire, en
vertu du système d'*exclusion* qui avait prévalu en France, que
l'exécution avait eu lieu suivant la forme de droit (1). De même, en
Sardaigne, sous l'empire des *Royales Constitutions* et du Code de
procédure sarde de 1854 (2), par application du principe de réciprocité, on usait avec une égale rigueur à l'encontre des jugements
rendus en France contre un national sarde (3).

152. *Extension des traités franco-sardes au nouveau royaume
d'Italie.* — Lorsque, au royaume de Sardaigne, succéda le royaume
d'Italie, il fut admis par la jurisprudence italienne et par la jurisprudence française que ce traité, aussi bien que tous les autres
traités conclus par le gouvernement sarde avec les gouvernements
étrangers, est applicable aujourd'hui pour tous les pays faisant
partie du nouveau royaume. Ce principe fut reconnu par les Cours
d'appel de Naples, de Paris et de Montpellier, par leurs arrêts des
18 mars 1865, 29 août 1864 et 10 juillet 1872 (4).

Qu'on ne vienne pas objecter que les obligations internationales
d'un État cessent lors de son extinction juridique, parce qu'il a perdu
son autonomie en confondant ses destinées avec celles d'une autre
agrégation politique, et que, par conséquent, la convention passée
entre la Sardaigne et la France a cessé d'être applicable depuis la
proclamation du royaume d'Italie, cette proclamation ayant eu pour
effet l'extinction ou la mort de tous les États qui concoururent à le
composer, y compris le royaume de Sardaigne, qui disparut du
nombre des États (5). Il est évident, en effet, que le nouveau royaume
a été formé par suite de l'annexion de différents pays au royaume

----

(1) Voir Troplong, *Traité des hypothèques,* n° 451, où cet auteur rapporte les différentes décisions rendues en ce sens par la jurisprudence
française.

(2) Aux termes de l'article 662 de ce Code, les jugements rendus
par les tribunaux étrangers ne pouvaient pas être exécutés avant d'a-
voir été rendus exécutoires par la Cour d'appel dans la juridiction de
laquelle ils devaient être exécutés. Cette Cour devait ordonner l'exécution après que les parties avaient été entendues sommairement ou
dûment citées, et que le ministère public avait donné ses conclusions
toutes les fois que l'exécution était demandée contre un national.

(3) Voir les arrêts du Sénat de Nice du 20 février 1841 et de la Cour
d'appel de Gênes du 23 septembre 1858.

(4) Giurati, Giurisprudenza italiana, 2ᵉ partie, p. 116; *Journal du
droit international privé,* 1879, p. 60.

(5) Voir Fiore, *Journal du droit international privé,* 1878, p. 235.

de Sardaigne. Si ce dernier a perdu son ancien nom, en prenant celui qui fut la conséquence de son extension, on ne peut pas dire que ce fait ait produit l'extinction de cet État, mais il est plus juste de dire que le royaume d'Italie n'est que la continuation de l'ancien royaume de Sardaigne, avec un territoire plus étendu. En d'autres termes, ce royaume n'a pas péri comme État, mais il a successivement attiré dans son sein tous les autres États de la péninsule, qui se sont éteints juridiquement, parce que par ce fait ils ont perdu l'autonomie dont ils jouissaient. C'est justement pour cela que, tandis qu'on admettait que tous les traités conclus par le gouvernement sarde sont aujourd'hui applicables à toutes les provinces du royaume d'Italie incorporées dans l'ancien royaume de Sardaigne, on admit, au contraire, que les traités conclus par les autres États italiens avec les gouvernements étrangers n'étaient pas obligatoires pour le gouvernement italien. Ce principe fut reconnu par le Conseil du contentieux diplomatique du royaume d'Italie, qui déclara que l'Autriche ne pouvait pas invoquer un traité conclu avec le grand-duché de Toscane, parce que la cessation de cet État avait entraîné celle des obligations par lui contractées avec les puissances étrangères (1).

En 1859 fut promulgué le nouveau Code de procédure civile sarde, dont l'article 683 formulait les règles relatives à l'exécution des sentences étrangères en général. Ce sont ces règles qui ont été ensuite insérées dans l'article 941 du Code de procédure civile italien de 1865. (Voir § 127.)

153. *Déclaration franco-italienne de 1860.* — Le 1er septembre 1860 fut signée à Turin, d'une part par le comte de Cavour, alors président du Conseil des ministres et ministre des affaires étrangères du roi de Sardaigne, et d'autre part par M. de Talleyrand, envoyé extraordinaire et ministre plénipotentiaire de France près le gouvernement sarde, une déclaration par laquelle on précisait la portée de la convention du 24 mars 1760. On convenait que dans chacun des États contractants, on devrait, dans les instances en *délibation* observer les règles établies par l'article 683 du Code de procédure civile sarde de 1859 alors en vigueur.

Voici en effet le texte de cette déclaration: « Désirant écarter à « l'avenir toute espèce de doute ou de difficulté dans l'application « que les cours des deux pays sont appelées à faire du traité du « 24 mars 1760, les gouvernements de France et de Sardaigne, à la « suite d'explications mutuellement échangées, sont convenus qu'il

(1) V. *Atti del Parlamento italiano,* séance de la Chambre des députés du 12 juin 1863.

« doit être interprété de la manière suivante. Il est expressément
« entendu que les cours, en déférant à *la forme de droit*, aux de-
« mandes d'exécution des jugements rendus dans chacun des deux
« États, ne devront faire porter leur examen que sur les trois points
« suivants, savoir: 1° *Si la décision émane d'une juridiction com-*
« *pétente;* 2° *si elle a été rendue, les parties dûment citées, et*
« *légalement représentées ou défaillantes;* 3° *si les règles du droit*
« *public du pays, où l'exécution est demandée, ne s'opposent pas à*
« *ce que la décision du tribunal étranger ait son exécution.* La pré-
« sente déclaration servira de règle aux tribunaux respectifs dans
« l'exécution du § 3 de l'article 22 du traité de 1760 (1) ».

Étant donnée cette déclaration, les cours d'appel, même dans les
instances en *délibation* relatives à des jugements des tribunaux français, devraient limiter leur examen aux points qui y sont indiqués,
et qui sont les mêmes que ceux qui sont énumérés dans le Code de
procédure civile italien de 1865. Elles devraient dès lors s'abstenir
de toute recherche ayant trait à la justice du jugement dont l'exécution est poursuivie.

De plus, la déclaration de 1860 démontre encore d'une façon
évidente que les deux parties contractantes, en se mettant d'accord
pour interpréter le traité de 1760, l'ont considéré comme étant encore en vigueur, et ont écarté la controverse soulevée par certains
jurisconsultes, qui prétendaient que ce traité avait cessé d'être en
vigueur à la suite du sénatus-consulte du 24 fructidor, an X, par
lequel fut proclamée la réunion du Piémont à la France, en d'autres
termes la disparition du Piémont comme État autonome, ce traité
n'ayant pas été renouvelé lorsque le Piémont recouvra son autonomie (2).

154. *Force légale de la déclaration franco-italienne de* 1860 *en
Italie.* — La jurisprudence italienne est divisée sur le point de savoir si la déclaration de 1860 a force légale, et si dès lors les tribunaux doivent s'y conformer, en donnant à l'expression *à la forme
de droit* du traité de 1760 le sens qui lui a été donné par cette même
déclaration.

155. La Cour de cassation de Florence a décidé dans le sens de
l'affirmative, sans développer les motifs de sa décision. Elle a admis
comme incontestable la forme légale de cette déclaration, et, an-
nulant l'arrêt de la Cour d'appel de Lucques du 26 avril 1867, rendu
en sens contraire, elle renvoya l'affaire, par arrêt du 23 décembre de

---

(1) *Raccolta dei trattati...*, cit., volume préliminaire, p. 843.
(2) Troplong, *loc. cit.*

la même année, devant la Cour d'appel de Florence. Cette Cour, par
arrêt du 7 avril 1869, refusa de reconnaître force légale à la déclaration dont s'agit pour les motifs suivants. La première raison, c'est
que cette déclaration ne saurait être considérée comme un traité
diplomatique interprétatif du traité antérieur de 1760, le pouvoir de
conclure des traités étant, aux termes de l'article 5 de la convention
italienne, exclusivement dans les attributions du souverain. Or, la
déclaration de 1860, non seulement n'était pas sanctionnée par un
décret royal, mais même elle n'était pas revêtue de la signature du
roi. La seconde raison c'est que cette déclaration n'a pas été portée
à la connaissance du public dans la forme usitée pour les lois et les
décrets, c'est-à-dire par l'insertion dans le recueil officiel des lois
et des décrets et par l'annonce de cette insertion dans le journal officiel du royaume. En troisième lieu, faisait observer la Cour d'appel de Florence, l'interprétation des lois appartient au pouvoir législatif, qui, aux termes de l'article 73 de la constitution, est exercé
par le Parlement et par le roi, et dès lors la note ministérielle du
comte de Cavour ne pouvait pas être considérée comme une loi in-
terprétative. Aussi, par cet arrêt, la Cour décida-t-elle que, dans le
cas où il s'agit de jugements français, les juges italiens ne doivent
pas, aux termes de la clause à *la forme de droit* du traité de 1760
toujours en vigueur dans toute son étendue, puisqu'elle n'est pas légalement abrogée, se contenter d'un examen tel qu'il a lieu dans
une instance ordinaire en *délibation*, mais de plus ont pour mission
de rechercher si le jugement qui leur est soumis *est conforme aux
règles générales de la justice ou présente une erreur manifeste de
droit* (1).

Le principe proclamé par la Cour d'appel de Florence a été admis
par la Cour d'appel de Brescia dans un arrêt du 17 septembre 1875,
pour le second des motifs que nous venons de rapporter (2).

156. Au contraire, les Cours d'appel de Milan et de Turin, dans
leurs arrêts des 23 juillet 1875 et 20 mars 1876, ont décidé que la
déclaration de 1860 doit être considérée comme ayant force de loi
en Italie, de même que cette force lui est reconnue en France. L'intervention du pouvoir législatif n'était pas nécessaire parce qu'aux
termes de l'article 5 de la constitution, cette intervention est
seulement requise dans le cas où il s'agit d'une rectification de
frontières ou d'une convention ayant trait aux finances, choses
auxquelles n'avait aucunement trait la déclaration de 1860 (3).

____

(1) *Annali*, 1870, 2e partie, p. 93.
(2) *Monitore dei Tribunali* de Milan, 1875, p. 1100.
(3) V. *Monitore dei tribunali, cit.*, 1875, p. 831 ; — *La Legge*, 1876,

157. *Force de la déclaration de 1860 en France.* — La jurisprudence française admet actuellement, sans difficulté, la force obligatoire en France de cette même déclaration. C'est en ce sens qu'ont statué les Cours de Montpellier, de Chambéry, de Paris par leurs arrêts des 10 juillet 1872, 29 janvier 1873 et 24 novembre 1873, et la Cour de cassation par son arrêt du 27 avril 1874 (1). Toutefois, il est à remarquer que cette déclaration a été publiée en France dans la partie officielle du *Moniteur* du 14 novembre 1860 (2).

158. Étant donné le désaccord dans leurs solutions de la jurisprudence italienne et de la jurisprudence française sur la valeur légale de la déclaration de 1860, il y aurait lieu, comme je l'ai dit déjà dans un opuscule que j'ai publié en 1880 (3), pour le gouvernement italien, d'en faire, comme le gouvernement français, la publication dans la forme légale (4). Il est bien vrai que la stipulation des traités avec les puissances étrangères appartient au roi seul; toutefois, les ministres Cavour et Talleyrand se sont proposés uniquement d'interpréter le traité de 1760. Il ne s'agissait point dès lors d'une véritable convention internationale, pour laquelle était nécessaire l'intervention du souverain. Du reste, cette interprétation était faite en appliquant, comme nous l'avons déjà dit, à l'exécution des jugements des deux pays, les règles générales, relatives à l'exécution des jugements étrangers, établies par la législation sarde alors en vigueur, et ensuite confirmées par la législation italienne du royaume d'Italie, en d'autres termes les règles de droit commun.

Il est de la plus grande importance que la déclaration de 1860 soit considérée comme entièrement efficace. Autrement, il est à craindre que le principe consacré par les Cours de Florence et de Brescia ne soit admis également par la jurisprudence française. En

---

p. 853. — Voir encore dans le même sens, l'arrêt de la Cour de Lucques du 19 février 1880. (*Annali*, 1880, 3e partie, p. 149.)

(1) *Journal du droit international privé*, 1871. p. 306; 1875, p. 19; 1879, p. 69; Sirey, 1871, 1, p. 91.

(2) *Journal du droit international privé*, 1879, p. 369.

(3) *Il secondo congresso giuridico italiano e il diritto privato internazionale.* Rome, 1880, n° VII, p. 19.

(4) Cette déclaration a été seulement insérée dans le recueil officiel qui est publié par les soins du ministre des affaires étrangères, et qui comprend les traités et les conventions conclus entre l'Italie et les États étrangers (voir le *volume préliminaire* déjà cité, p. 873). Or, si ce recueil est obligatoire pour les fonctionnaires qui dépendent de ce ministre, il ne l'est pas pour les tribunaux.

effet, il est bien facile que, sous le prétexte que l'expression *à la forme de droit* autorise la mise en pratique du système de la révision du procès, système qui a prévalu en France, ce système soit appliqué aux jugements italiens. Ce serait là, comme le fait observer judicieusement M. Dubois, professeur à la Faculté de droit de Nancy, un résultat désagréable, un véritable retour en arrière en matière de droit international, puisque actuellement les tribunaux français n'examinent pas de nouveau le fond des jugements italiens (1)

Aussi, le gouvernement italien devrait-il, pour faire disparaître les divergences de la jurisprudence, faire opérer la publication légale de la déclaration de 1860. Bien plus, pour faire cesser toute controverse possible, cette déclaration devrait être reproduite dans le nouveau traité de commerce qui serait conclu entre l'Italie et la France, de façon à ce qu'elle fasse partie du droit international positif franco-italien.

159. De toute façon, nous croyons que les Cours d'appel italiennes, même en considérant comme dénuée de valeur légale la déclaration de 1860, devraient, pour l'exécution des jugements français, appliquer les dispositions de cette déclaration, parce qu'elles sont les mêmes que celles consacrées par la législation italienne pour l'exécution des jugements étrangers en général. C'est en effet un principe admis par la jurisprudence que la réserve, faite relativement aux conventions internationales par l'article 10 du titre préliminaire du Code civil et par l'article 950 du Code de procédure civile, doit être limitée aux conventions qui ont rendu plus simple et plus expéditive, entre les États contractants, l'instance relative à l'exécution des jugements étrangers. Ce principe a été admis par la Cour de cassation de Florence, dans son arrêt du 20 juin 1870, par lequel elle statua sur les moyens de cassation proposés contre l'arrêt de la Cour d'appel de Florence du 7 avril 1869, qui, ainsi que nous l'avons dit (voir § 155), avait considéré comme dénuée de toute force obligatoire la déclaration franco-sarde de 1860. Cet arrêt était attaqué pour violation de la chose jugée et pour contradiction. La Cour de cassation de Florence, tout en admettant que les vices de contradiction et de violation de la chose jugée suffiraient pour donner lieu à l'application du n° 4 de l'article 491 du Code de procédure civile italien relatif aux jugements étrangers contenant des dispositions contraires à l'ordre public et au droit public interne du royaume, s'abstint de se prononcer sur les difficultés soulevées par

____

(1) *Journal* 1870, p. 310.

la Cour d'appel relativement à l'examen des jugements français. Elle se contenta à ce sujet de déclarer que, dans ce cas, il était tout à fait superflu de rechercher si, dans l'instance en délibération, on devait appliquer la disposition générale de l'article 941 du Code de procédure civile, ou la disposition spéciale de l'article 22 du traité franco-sarde du 24 mars 1760, ou bien l'interprétation de cet article 22 contenue dans la note diplomatique de 1860, « parce que les « conventions spéciales en cette matière ne pourraient être utile- « ment invoquées par les parties devant les tribunaux italiens, d'a- « près le sens clair et manifeste des articles 10 des dispositions « préliminaires du Code civil et 950 du Code de procédure civile, « qu'en tant qu'elles établissent un traitement plus favorable que « celui qui est accordé à tous indistinctement, et sans condition de « réciprocité, par le droit commun, ou par notre loi générale de « procédure, ce qui ne se réalise point dans l'espèce en litige » (1). La Cour de Brescia a ensuite décidé, par arrêt du 1er août 1871, que le défendeur dans l'instance en délibation n'avait aucun inté- rêt à opposer l'abrogation du traité franco-sarde de 1760, aux termes duquel, s'il était encore applicable, il aurait pu obtenir l'examen du jugement auquel on veut faire accorder la force exécutoire, car cet examen est implicitement prohibé par les dispositions des articles 941 et 942 du Code de procédure civile, et par les principes libéraux inaugurés en matière de droit privé international par la nouvelle législation italienne, « puisqu'il est bien certain que les traités ou « conventions internationales encore actuellement en vigueur et re- « latifs à l'exécution des jugements étrangers, auxquels renvoie ex- « pressément l'article 10 des dispositions préliminaires du Code civil « en vigueur, sont ceux qui, plus encore que les dispositions légis- « latives actuellement en vigueur en Italie, ont rendu l'exécution « des jugements étrangers rapide et exempte de tout examen, tels « seraient, par exemple, les traités ou conventions internationales « aux termes desquels on serait convenu d'un simple *pareatis* ou « d'un *exequatur*, mais non pas les autres conventions ou traités « internationaux, tel qu'est précisément le traité de 1760, qui, pour « l'exécution des jugements étrangers, exigerait des conditions « plus rigoureuses que celles qui sont prescrites en principe par la « loi en vigueur relativement à tous les États étrangers quelcon- « ques » (2).

Le traité franco-sarde de 1760 doit donc être considéré comme

---

(1) *Annali*, 1870, 1re partie, 1re section, p. 180.
(2) *Annali*, 1871, 2e partie, p. 575 et suiv.

tacitement abrogé par les dispositions libérales de la législation italienne, comme incompatible avec l'esprit de ces dispositions, qui se bornent à prescrire les garanties indispensables pour la défense de la justice, de l'ordre public et du droit public interne, en écartant tout examen du jugement ayant trait au fond du procès.

160. *Convention entre la France et l'Espagne sur l'exécution des jugements étrangers*. — Le 30 juin 1831 intervint entre l'Espagne et la Sardaigne une convention, actuellement applicable (aux termes des principes que nous avons exposés à l'occasion du traité franco-sarde), à tout le royaume d'Italie, et relative à l'exécution réciproque des jugements et ordonnances des deux pays. Les conditions requises pour cette exécution sont : « 1° que la sentence ou ordon-
« nance *ne soit pas manifestement injuste*; 2° qu'elle ne soit pas
« nulle par défaut de juridiction, de citation ou de mandat ; 3° qu'elle
« ne soit point contraire aux lois prohibitives de l'État dans lequel on
« en demande l'exécution. »

La première condition, d'après laquelle l'autorité judiciaire qui doit accorder l'*exequatur* est autorisée à entrer jusqu'à un certain point dans l'examen du fond de la contestation, était une conséquence du système admis en Sardaigne sous l'empire des constitutions de Charles Emmanuel, qui demeurèrent en vigueur jusqu'à la promulgation du Code de procédure civile sarde de 1854. En effet, la jurisprudence avait érigé en principe, que l'exécution des jugements étrangers devait être précédée d'un débat contradictoire pour permettre d'examiner si le jugement contenait une injustice manifeste (1).

Mais actuellement, l'examen du fond de l'affaire ne serait qu'un anachronisme, contraire non seulement à la législation italienne, mais encore à la législation espagnole, ces deux législations condamnant également toutes deux le système d'*exclusion*. En effet, l'article 925 du Code de procédure civile espagnol de 1855, qui est devenu exécutoire le 1er janvier 1856, exige : « 1° qu'il s'agisse
« d'un jugement rendu à la suite d'une action personnelle; 2° qu'il
« ne soit pas rendu par défaut; 3° qu'il ait pour objet une action
« licite en Espagne; 4° qu'il réunisse les qualités requises par les
« lois du pays où il a été rendu pour être considéré comme authen-
« tique, et les qualités requises par les lois espagnoles pour faire
« foi en Espagne » (2). Ainsi qu'on le voit, on n'exige pas pour

---

(1) Voir l'arrêt du Sénat de Casale du 6 avril 1810, Montelli, *Giurisprudenza del Codice albertino*, t. VI, p. 105.

(2) V. sur l'exécution des jugements étrangers en Espagne, Silvela, *Journal du droit international privé*, 1881.

l'*exequatur* la révision du fond de l'affaire, pas plus qu'elle n'est exigée par le législateur italien. Du reste, cet anachronisme serait contraire à l'esprit du traité de 1851, clairement énoncé dans ses préliminaires. Il est dit, en effet, dans ces préliminaires que la Sardaigne et l'Espagne étaient toujours dans l'intention de favoriser les intérêts de leurs sujets respectifs et de leur rendre plus profitables les rapports existant entre les deux gouvernements (1). Or ce but n'est pas atteint en soumettant à l'examen des tribunaux les jugements qu'on veut faire exécuter pour s'assurer qu'ils ne sont pas manifestement injustes.

161. Les mêmes raisons que nous avons énoncées en ce qui concerne le traité franco-sarde de 1769 (voir § 159), nous engagent à admettre que les dispositions du traité sardo-espagnol doivent être considérées comme abrogées par celles consacrées par le Code de procédure civile sarde de 1859 et ensuite par le Code de procédure civile italien de 1865, et que dès lors les cours italiennes ne peuvent en aucune façon examiner si les jugements espagnols qu'on veut rendre exécutoires en Italie sont *manifestement injustes*.

Il serait au surplus très utile, pour dissiper toute obscurité, que le gouvernement italien et espagnol se missent d'accord pour considérer comme abrogées les dispositions du traité de 1851 et comme applicables les règles générales consacrées par la législation des deux pays pour l'exécution des jugements étrangers.

162. *Convention entre l'Italie et la République de Saint-Marin.* — Le système consistant à déclarer applicables les législations respectives a été consacré dans l'article 1ᵉʳ de la convention de bon voisinage conclue entre l'Italie et la République de Saint-Marin le 27 mars 1872 (2).

163. *Relation entre l'Italie et l'Autriche en nature d'exécution de jugement.* — De même, l'ordonnance du ministre de la justice d'Autriche du 22 juin 1853, obligatoire pour tout l'empire, a subordonné l'exécution des sentences sardes en Autriche à la condition *qu'elles ne contiendraient aucune injustice manifeste*, condition qui devait en outre s'ajouter à celle qu'elles émanassent d'un tribunal compétent. Cette ordonnance a été motivée, ainsi que son texte le porte expressément, par la règle que nous avons exposée précédemment et admise par les tribunaux sardes relativement à l'exécution des jugements étrangers (3).

---

(1) Racsolta, *cit.*, t. préliminaire, p. 337.
(2) *Recueil cité*, t. IV, p. 301.
(3) *Bulletin des lois de l'empire*, 1853, nº 13.

L'ordonnance du 29 février 1860 déclara applicable celle de 1853 aux jugements des tribunaux des parties du territoire lombard cédées au royaume de Sardaigne par le traité conclu à Zurich le 10 novembre 1859 (1).

Après l'annexion des provinces vénitiennes, le gouvernement italien ayant déclaré qu'il avait prescrit aux autorités judiciaires de ces provinces de ne pas accorder immédiatement l'exécution des jugements autrichiens en matière civile, mais de les soumettre préalablement à une instance en *délibation*, conformément aux ordonnances de 1853 et de 1860, le ministre autrichien de la justice, à la date du 4 juin 1860, rendait une autre ordonnance, par laquelle il prescrivait aux autorités judiciaires autrichiennes, et particulièrement à celles des provinces limitrophes de la Vénétie, de procéder, jusqu'à nouvel ordre, même en ce qui concernait l'exécution des jugements des tribunaux italiens par application du principe de réciprocité exclusivement dans le sens des ordonnances précitées du ministre de la justice, en écartant toute autre pratique contraire (2).

164. Nous devons renouveler ici l'observation que nous avons faite au sujet du traité sardo-espagnol, et répéter que l'examen du fond de l'affaire est un anachronisme contraire, non seulement à la législation italienne, mais encore à la législation autrichienne. En effet, en Autriche, l'exécution des jugements étrangers, sauf les dispositions spéciales des traités, est réglée par les décrets antiques de 1792, 1799 et 1805. Les conditions requises sont seulement les suivantes : « 1º Que le tribunal qui a rendu le jugement soit compétent ; 2º que ce jugement soit passé en force de chose jugée ; « 3º que l'État où ce jugement a été rendu accorde *par réciprocité* « force exécutoire aux jugements rendus par les tribunaux autrichiens. »

Aussi les gouvernements italien et austro-hongrois devraient-ils se mettre d'accord pour considérer comme abrogées les ordonnances dont nous avons précédemment parlé, et comme applicables les dispositions consacrées par les législations italienne et austro-hongroise.

165. *Exécution des saisies ordonnées par des sentences étrangères.* — Le législateur italien, après s'être occupé, dans les ar-

----

(1) *Bulletin cit.*, 1860, nº 55.

(2) *Bulletin cité*, 1868, nº 55. Les trois ordonnances ministérielles de 1853, 1860 et 1868, ont été appliquées par la Cour suprême de justice d'Autriche par arrêts des 16 août et 6 novembre 1873 au sujet de l'exécution d'un jugement du juge de paix d'Udine (*Gazzetta dei tribunali*, Trieste, 1873).

ticles 911 et 912 du Code de procédure civile de la force exécutoire
à accorder aux sentences des autorités judiciaires étrangères, dans
l'article 913, s'est occupé de l'exécution des saisies ordonnées par
ces mêmes autorités. Il est certain que les saisies ordonnées par les
tribunaux d'un État devront rarement être exécutées sur le terri-
oire d'un autre État. Cela, toutefois, pourra arriver particulièrement en cas de succession et de faillite, à cause du caractère d'u-
niversalité qu'ont ces matières et du pouvoir exclusif de connaître
des droits qui s'y rapportent, pour la succession le tribunal du lieu
où elle s'est ouverte, pour la faillite, celui du lieu où elle a été déclarée. L'article 913 du Code de procédure civile italien dispose :

« Pour l'exécution des *mesures* de saisie accordées par des auto-
« rités judiciaires étrangères, on observera les dispositions des deux
« articles précédents en *tant qu'ils* sont applicables. »

Le terme générique *mesures* (*provvedimenti*) comprend toute décision d'un juge étranger, qu'elle ait la forme et le caractère d'une
véritable sentence, ou bien d'un simple décret ou ordonnance. Si la
saisie est ordonnée par jugement, toutes les dispositions des articles 911 et 912, dont nous avons donné plus haut l'explication,
seront applicables. Si, au contraire, il s'agissait d'une saisie ordonnée par une simple ordonnance, les numéros 2 et 3 de l'article 911
ne seraient plus applicables ; en d'autres termes, la Cour, dans
l'instance en délibation, n'aurait pas à s'occuper de la régularité de la
citation, parce qu'il n'y aurait pas eu de citation, l'ordonnance ayant
été rendue non contradictoirement hors de la présence du débiteur,
ou de son représentant légal et sans qu'il y ait eu lieu de déclarer
qu'il faisait légalement défaut, le débiteur n'ayant pas été invité à
comparaître dans l'instance ayant pour but l'ordonnance. C'est pour
cette raison qu'il a été établi qu'en ce qui concerne les mesures de
saisie, ordonnées à l'étranger, on observerait les dispositions des articles 911 et 912 *en tant qu'ils sont applicables.* Par ces derniers
mots, le législateur a voulu parler des saisies ordonnées par simple
ordonnance, relativement auxquelles l'examen de la Cour saisie de
l'instance en délibation devra se borner aux points indiqués dans les
numéros 1° et 4° de l'article 911 concernant la compétence et la con-
formité à l'ordre public et au droit public interne.

166. *Exécution des jugements étrangers en matière de faillite.* —
Le législateur italien ne s'est pas occupé de l'exécution des jugements étrangers en matière de faillite. Voyons cependant par quelles
règles est régie cette exécution.

Le jugement déclaratif de faillite peut être considéré sous un double
point de vue. En premier lieu, c'est une pièce ou un titre probant de

la condition personnelle du failli, en tant qu'il le rend incapable d'administrer ses biens et d'en disposer et qu'il confie cette administration à un syndic. En second lieu, c'est un titre exécutoire, dont on peut se prévaloir pour faire prononcer par jugement l'expropriation des biens que le failli possède à l'étranger.

Considéré sous le premier point de vue, ce jugement est partout efficace, même sans avoir besoin d'être préalablement rendu exécutoire. En d'autres termes, *ses effets* doivent s'étendre à tous les biens du failli, tant meubles qu'immeubles, en quelque pays qu'ils soient situés, de la même manière que nous l'avons dit pour tous les jugements (voir § 128).

Au contraire, sous le second rapport, le jugement déclaratif de faillite doit, comme tout autre jugement, être d'abord rendu exécutoire d'après les règles établies pour l'exécution en général des jugements étrangers, règles qui, naturellement, devront être observées *en tant qu'elles sont applicables.* En effet, l'autorité judiciaire qui accorde la force exécutoire à un tel jugement rendu par un tribunal étranger, n'a pas besoin de rechercher si ce jugement est en opposition avec l'ordre ou le droit public interne, parce que le tribunal étranger s'étant borné à constater un fait, à constater en d'autres termes qu'un commerçant donné a cessé ses paiements, un tel fait ne saurait être considéré dans un pays comme conforme et dans un autre comme contraire à l'ordre ou au droit public interne.

167. La jurisprudence des tribunaux italiens a admis la distinction indiquée entre les *effets* et la *force exécutoire* du jugement déclaratif de faillite. Ainsi, la Cour d'appel de Brescia, dans son arrêt du 1er août 1871, a-t-elle décidé que les syndics nommés par un tribunal étranger peuvent exercer leurs fonctions en Italie, sans qu'il soit nécessaire d'introduire une instance en délibation pour rendre le jugement déclaratif de faillite exécutoire. Cette Cour admit comme un principe non controversé de droit international que les documents rédigés d'après les lois du lieu où ils ont été passés font foi, même à l'étranger, des choses qui y sont contenues, et aussi des qualités qui y sont conférées, sans qu'il soit nécessaire qu'ils soient revêtus de la formule exécutoire, *laquelle est indispensable seulement lorsque, se basant sur le document étranger on veut par la force contraindre autrui à l'accomplissement des obligations contractées en se prévalant de ce document* (1); de même la Cour d'appel de Milan, par arrêt du 15 décembre 1879,

____

(1) *Annali*, 1871, 2e partie, p. 575.

admit la distinction entre les *effets* et la *force exécutoire* du jugement déclaratif de faillite (1).

La jurisprudence italienne, en admettant que les *effets* du jugement déclaratif de faillite ne se produisent pas seulement dans les
limites de l'Etat où elle a été prononcée, mais encore s'étendent
sur les biens situés dans d'autres États, rend hommage à la doctrine actuellement admise par la science de l'universalité du jugement déclaratif de faillite, doctrine conforme à l'intérêt cosmopo-
lite du commerce. Au contraire, la jurisprudence des tribunaux des
autres États est opposée à cette doctrine, en admettant, ou bien que
le jugement déclaratif de faillite ne peut produire aucun effet sans
être d'abord rendu exécutoire (ce qui parfois entraine la révision de
ce jugement au fond) ou bien que ce jugement ne put pas même être
rendu exécutoire dans l'État étranger où le failli possède des biens,
et qu'il est nécessaire de provoquer dans cet État un nouveau jugement déclaratif de faillite.

168. *La faillite au Congrès juridique italien en 1880.* — Le second congrès juridique italien, réuni à Turin en septembre 1880,
qui avait en même temps un caractère international, plusieurs jurisconsultes étrangers y ayant pris part (2), entre autres sujets
s'occupa tout particulièrement de la faillite en matière internationale.

Les propositions approuvées dans l'assemblée générale du 11 septembre, après la lecture du remarquable et savant rapport du rap-
porteur M. le professeur Carle, et après une discussion à laquelle

---

(1) Cet arrêt se trouve rapporté dans le *Journal du Palais* 1879,
p. 649, avec une note très savante de M. E. Dubois, qui combat la jurisprudence française consacrée par l'arrêt de la Cour d'appel de Paris
du 7 mars 1878, où se trouve rejetée la distinction que nous avons indiquée.

(2) Etaient désignés par le gouvernement français le professeur L.
Renault, de la Faculté de Paris; par le gouvernement hollandais, le
professeur J.-M.-C. Asser, de l'Université d'Amsterdam; par le gouvernement grec le professeur G.-A. Rhally, de l'Université d'Athènes;
par le gouvernement russe M. N. Thür, membre du conseil du ministère de la justice et conseiller d'Etat; par le gouvernement suisse, M. E.
Lehr, professeur à l'Académie de Lausanne et M. F. Gentet, professeur
à l'Université de Genève; par le gouvernement roumain, M. G. Petroni,
secrétaire général du ministère de la justice. Faisaient partie en outre
du congrès, sans mandats de leurs gouvernements, M. Molinier, professeur à la Faculté de Toulouse et M. G. Brune, professeur à l'Université de Berlin.

prirent part beaucoup de membres du Congrès aussi bien étrangers que nationaux, discussion elle-même précédée de celle qui avait eu lieu dans le sein de la Commission qui avait été chargée des travaux préparatoires (1), sont ainsi formulées :

« Le Congrès,

« Admettant que l'intérêt du commerce requiert que *les effets* de « l'état de faillite ne soient pas limités au territoire d'un seul pays, « mais qu'ils soient étendus au plus grand nombre possible de pays « civilisés;

« Que la diversité actuelle des législations sur la faillite rend « difficile la confection d'une loi unique internationale sur les « faillites,

« Est d'avis, tout en faisant des vœux pour une législation com- « mune pour les faillites, qu'il est actuellement convenable de se « borner au système de une ou plusieurs conventions internatio- « nales,

« Les bases fondamentales de ces conventions seraient les sui- « vantes :

« I. — Le tribunal compétent pour déclarer la faillite et pour en « continuer la procédure jusqu'à son terme sera celui du lieu où le « commerçant a son principal établissement commercial.

« II. — Le jugement déclaratif de la faillite et les autres juge- « ments rendus durant la procédure de faillite, auront, sur le « territoire de tous les États contractants, cette même autorité de « chose jugée qu'ils ont dans l'État où ils auront été rendus et « pourront donner lieu à des procédures conservatrices d'urgence et « d'administration, à condition qu'ils soient rendus publics aux « termes de l'article V, lettre *a*.

« Lorsqu'en vertu de ces jugements on devra procéder à un acte « quelconque d'exécution dans un autre État, on devra d'abord ob- « tenir une ordonnance de *pareatis* de l'autorité de l'État dans « lequel on doit procéder à l'exécution.

« Cette autorité sera désignée dans le traité ; elle prononcera sur « simple requête des intéressés et sans nécessité d'un contradicteur, « et elle ne pourra refuser le *pareatis* que dans deux seuls cas.

« *a*). Lorsque le jugement émanera d'un tribunal incompétent, « aux termes de l'article Ier.

---

(1) Voir notre opuscule, *Il secondo congresso giuridico italiano e il diritto privato internazionale*, et le rapport publié par le professeur Carle, *Il fallimento nei rapporti internazionali.*

« *b*). Lorsque le jugement ne sera pas exécutoire dans l'État où il aura été rendu.

« Une telle ordonnance sera susceptible d'opposition en forme « contentieuse, mais l'opposition n'aura pas d'effet suspensif.«

Ainsi, le Congrès accueillit la distinction entre *les effets* et la *force exécutoire* du jugement déclaratif de faillite, en admettant que ce jugement est *ipso jure* efficace, en ce sens qu'il peut donner lieu à des procédures conservatoires, d'urgence et d'administration, mais qu'une ordonnance de *pareatis* est nécessaire dans le cas où l'on doit procéder à un acte quelconque d'*exécution forcée* dans un autre État. L'autorité de l'État dans lequel on procède à l'exécution ne peut refuser le *pareatis* que dans les deux cas mentionnés. On n'ajoute pas que le *pareatis* puisse encore être refusé dans le cas où le jugement déclaratif de faillite est contraire à l'ordre ou droit public, parce que, ainsi que nous l'avons dit précédemment, ce cas ne peut pas se présenter.

« III. — Les restrictions à la capacité commerciale du failli, la « nomination et les pouvoirs des administrateurs de la faillite, les « formes à suivre dans la procédure de la faillite, l'admissibilité, la « formation et les effets du concordat, la liquidation et la réparti-« tion de l'actif entre tous les créanciers, aussi bien nationaux « qu'étrangers, seront réglés par la loi du lieu où a été déclarée la « faillite.

IV. — « Les droits réels, les raisons de préférence par hypo-« thèque, privilège et gage, et les droits de revendication, distrac-« tion et rétention sur les biens immeubles ou meubles du failli « seront, au contraire, réglés par la loi du lieu de la situation maté-« rielle des biens à l'époque de l'acquisition de ce droit.

« Il appartiendra au traité international de déterminer d'une ma-« nière spécifique quel doit être le tribunal compétent pour décider « les contestations se référant à ces droits. »

L'article 3 a consacré la doctrine de l'universalité du jugement déclaratif de faillite. On y admet, en effet, que c'est aux termes de la loi du lieu où ce jugement a été prononcé que doivent être réglées les matières qui y sont énumérées. Parmi ces matières, on trouve en première ligne les restrictions à la capacité *commerciale* du failli (1),

---

(1) On ne parle que des restrictions à la capacité *commerciale* du failli, qui sont réglées par la loi du lieu où est prononcé le jugement déclaratif de faillite. En effet, en ce qui concerne la capacité civile et politique, on ne peut avoir égard qu'à la loi nationale du failli, ou qu'à a *lex domicilii*, suivant que la législation de l'État auquel il ap-

de telle sorte qu'on verrait disparaître la situation absurde d'un commerçant incapable dans l'État où la faillite a été déclarée et capable en dehors de cet État, et que, dès lors, la déclaration de faillite ne serait plus illusoire.

Au contraire, les matières énumérées dans l'article 4 devraient être régies par la *lex rei sitæ*. En effet, l'universalité de la faillite ne peut être étendue au point de soustraire à cette loi les droits réels, les raisons de préférence, par suite d'hypothèque, de privilège et de gage, les droits de revendication, de distraction et de rétention sur les biens immobiliers ou mobiliers du failli.

V. — « Des dispositions spéciales seront introduites dans le « traité :

« *a)* Pour régler la publicité des jugements rendus dans un des « États en matière de faillite, même sur le territoire des autres « États ;

« *b)* Pour déterminer les rapports respectifs des autorités judi- « ciaires des divers États contractants, en tant qu'ils ont trait à « l'accomplissement des conventions internationales.

VI. — « Le traité pourra se restreindre actuellement à la faillite « des commerçants, et les lois des différents États resteront entière- « ment applicables en ce qui concerne l'insolvabilité des non- « commerçants ;

« Le traité ne s'étendra pas non plus à l'action pénale en ban- « queroute, et les conventions d'extradition demeureront réser- « vées. »

Ces propositions ayant été approuvées par l'adhésion des délégués des gouvernements étrangers qui s'étaient fait représenter au Congrès, on peut espérer qu'elles seront acceptées aussi par ces gouvernements et que les autres États y adhéreront aussi. De cette façon, la doctrine de l'universalité du jugement déclaratif de faillite pourra être consacrée en droit international positif dans l'intérêt de tous les États, qui est celui de la protection du crédit, qui exige que la faillite déclarée dans un pays soit reconnue dans tous les autres pays, et que tous les États s'accordent entre eux pour rendre partout valable la déclaration de faillite (1).

169. *Exécution des actes authentiques étrangers.* — En ce qui concerne la force exécutoire des actes authentiques reçus en pays étranger, l'article 941 du Code de procédure civile italien, dispose

---

partient, a admis l'une ou l'autre de ces lois comme régulatrice de l'État et de la capacité des personnes. (Voir *suprà*, tit. Ier, § 6.)

(1) Voir le rapport du professeur Carle.

qu'elle « est donnée par le tribunal civil du lieu où l'acte doit être
« exécuté au moyen d'un jugement, pour lequel on devra observer
« les règles établies par les articles 941 et 942 *en tant qu'elles sont*
« *applicables.* » Les dispositions de droit international positif en
vigueur entre l'Italie et les républiques de Guatemela, de Honduras,
de Costarica et du Pérou sont conformes à cet article (1).

170. Ainsi, aussi bien pour les actes authentiques reçus en pays
étranger, que pour les jugements qui y sont rendus, il est nécessaire qu'il intervienne une instance en *délibation,* pour qu'ils
deviennent exécutoires. Il y a toutefois cette différence que pour
connaître des jugements, c'est la Cour d'appel qui est compétente,
tandis que pour les autres actes c'est le tribunal du lieu de l'exécution. Tandis, en effet, que l'examen par l'autorité saisie de l'instance en délibation revêt les caractères substantiels d'un appel des
juges étrangers aux juges nationaux, caractère qui motive la compétence d'une juridiction d'appel (voir *supra,* § 138); au contraire,
il n'en est pas de même de l'examen des actes authentiques reçus
à l'étranger, et aucun juge n'ayant statué, il est rationnel que
l'instance soit introduite devant le tribunal de première instance.

171. L'examen de ce tribunal aura pour objet la constatation que
l'acte qu'on veut exécuter émane d'un officier public compétent,
c'est-à-dire autorisé à le recevoir dans le pays où il a été passé,
dans les formes admises par les lois qui y sont en vigueur. On ne
pourra pas appliquer les dispositions légales relatives à la citation régulière des parties, à leur représentation légale, ou à leur
défaut légal. Aussi l'examen ultérieur du tribunal se bornera à constater que l'acte ne contient rien de contraire à l'ordre public ou au
droit public interne. Supposons, par exemple, qu'un étranger veuille
faire déclarer exécutoire en Italie un acte authentique constatant
une substitution fidéi-commissaire, acte reçu dans un pays dont la
législation reconnaît la validité de la substitution fidéi-commissaire;
il est certain que le tribunal saisi de l'instance en *délibation* devra
refuser l'*exequatur.* En effet, un tel acte serait contraire à une loi
italienne d'ordre public, celle qui prohibe les substitutions fidéi-
commissaires (voir *supra,* titre II, § 58).

172. Pour que l'acte reçu à l'étranger puisse être revêtu de la
formule exécutoire en Italie, il faut qu'il soit susceptible d'exécu-

____

(1) Art. 21 du traité de commerce et de navigation du 31 décembre
1868 avec le Honduras; art. 8 du traité du 8 mai 1873 avec Costa Rica;
art. 19 du traité du 23 décembre 1874 avec le Pérou (*Recueil précité,*
t. III, p. 793; t. V, p. 59 et 464, t. VI, p. 617.

tion dans l'État où il a été passé, de même que cela est exigé pour les jugements (voir *supra*, § 137). Dès lors, les tribunaux italiens ne pourront pas accorder force exécutoire aux actes étrangers, qui, eu égard aux lois du pays où ils ont été reçus, ne sont pas des titres exécutoires comme les décisions judiciaires.

173. L'acte authentique étranger devra être dûment légalisé par le consul ou par l'agent consulaire italien résidant dans le pays où il a été reçu (1). On devra, en outre, observer les prescriptions des lois italiennes relatives aux droits de timbre et d'enregistrement, du 13 septembre 1874. (Voir 1re partie de cette étude, §§ 31 et 32.)

174. *Recours contre le jugement italien d'exception.* — Le jugement rendu par le tribunal civil étant un jugement régulier susceptible du recours que la loi accorde pour attaquer les jugements.

Ainsi, le défendeur non cité, en parlant à sa personne, pourra, conformément à l'article 474 du Code italien de procédure civile, faire opposition au jugement rendu par défaut contre lui. De même, aux termes de l'article 481 du même Code, tous les jugements rendus en première instance étant tous susceptibles d'appel, sauf le cas où la loi les a déclarés en dernier ressort, cette voie de recours pourra être proposée contre les jugements rendus par les tribunaux civils pour accorder ou refuser l'exécution aux actes authentiques reçus de l'étranger. En effet, ces jugements n'ont pas été déclarés non susceptibles d'appel par aucune disposition légale.

175. En ce qui concerne les voies de recours extraordinaires, on n'admettra ni la requête civile, ni le recours en cassation, l'une et l'autre voie n'étant ouvertes, aux termes des articles 494 et 517 du Code italien de procédure civile, que lorsqu'il s'agit de sentences prononcées en appel.

176. Mais on pourra se pourvoir par voie de tierce opposition, lorsque le jugement du tribunal saisi de l'instance en *délibation* a trait aux intérêts d'une tierce personne, de même qu'on pourrait le faire dans le cas d'un arrêt rendu par une Cour saisie d'une même instance à l'occasion de l'exécution d'un jugement étranger. (Voir *supra*, § 149.)

177. *Exécution des décisions émanant de la juridiction gracieuse des juges étrangers.* — On peut se demander quelles sont les règles applicables à l'exécution des ordonnances rendues en matière de juridiction gracieuse dans un pays étranger. Avant de résoudre cette question, nous établirons les principes qui règlent l'exercice d'une telle juridiction.

---

(1) Art. 57 de la loi consulaire italienne du 28 janvier 1866.

Nous avons déjà dit (voir § 101) que, tandis que la juridiction contentieuse a pour objet l'examen et la décision d'affaires litigieuses, qu'elle statue sur des intérêts opposés, après un débat contradictoire entre les parties dont l'une a cité l'autre devant le juge compétent, au contraire, la juridiction gracieuse s'exerce dans les affaires qui ne donnent lieu à aucune contestation, et dans lesquelles l'autorité judiciaire qui en est investie, sur l'instance d'une seule personne, ou de diverses personnes d'accord entre elles, et sans contradiction, accorde une autorisation, complète par son assentiment la capacité civile incomplète de la personne qui comparaît dans ce but, ou enfin donne une attestation solennelle.

178. Ainsi le magistrat exerce un acte de juridiction gracieuse, quand il prête son ministère dans la procédure ayant pour objet l'adoption (1), l'autorisation de la vente de biens appartenant à des mineurs (2), la convocation et la direction des conseils de famille (3), l'homologation des délibérations de ces conseils (4), l'émancipation d'un mineur (5), l'ouverture d'un testament olographe ou mystique (6), la nomination d'un curateur en cas d'absence (7), et enfin ayant pour objet une foule d'autres mesures dont le caractère principal est de n'être pas contentieuses.

179. L'étranger est admis en Italie à la jouissance des droits civils attribués aux nationaux, et nous avons vu, au § 10 de la première partie de cette étude, qu'il peut obtenir l'exercice à son profit soit de la juridiction contentieuse, soit de la juridiction gracieuse. Ainsi, pour prendre un exemple, un étranger établi en Italie pourrait, tout aussi bien qu'un Italien, poursuivre devant la Cour d'appel de son domicile l'adoption d'une personne en faveur de laquelle il désire remplir le rôle de père adoptif ; de même, il pourrait émanciper devant le juge de paix de son domicile son fils mineur âgé de dix-huit ans.

180. Il s'agit maintenant de voir de quelle façon est réglée l'exécution des ordonnances de juridiction gracieuse rendues en pays étranger. Il est d'un usage général entre peuples civilisés d'admettre plus facilement l'exécution de semblables ordonnances que celle

----

(1) Art. 213 C. civ.
(2) Art. 224 et 225 C. civ.
(3) Art. 251 C. civ.
(4) Art. 301 C. civ.
(5) Art. 311 C. civ.
(6) Art. 912, 915 C. civ.
(7) Art. 21 C. civ.

des décisions émanant de l'exercice de la juridiction contentieuse, et cela par suite de la diversité profonde qui existe entre ces deux sortes de décisions (1).

Les deux espèces de juridiction, dit Gluck, ont pour objet de garantir les droits des parties ; mais cette garantie n'est pas la même dans les deux cas. Le but de la juridiction contentieuse est de garantir et de rétablir les droits déjà lésés; la juridiction contentieuse établit des garanties contre les atteintes qui pourront être portées au droit. De là il s'ensuit qu'à proprement parler, les actes de la première catégorie entrent seuls dans les attributions de l'autorité judiciaire et, si la loi charge les magistrats de procéder également aux actes de juridiction gracieuse, c'est là une attribution particulière qui leur est conférée, et qui ne rentre nullement dans l'exercice de leurs fonctions (2).

Donc, dans les actes de juridiction gracieuse, l'intervention du magistrat n'est qu'une des formes de l'acte. Au contraire, la juridiction contentieuse a pour but la recherche et la proclamation du droit ou du fait allégué par une des parties et contesté par l'autre.

L'intervention du juge dans les actes de juridiction gracieuse éta ! une forme de l'acte, il en résulte que la règle *locus regit actum* leur est applicable. Il n'y a aucune raison pour que les actes reçus par un officier public, et même les actes sous seing privé, puissent être partout exécutoires, dans le cas où ils sont revêtus des formes requises par la loi du lieu où ils ont été reçus, ainsi que nous l'avons dit au chapitre précédent, si l'on refuse cette force exécutoire aux actes de juridiction gracieuse émanant d'un juge compétent qui a observé toutes les conditions exigées.

Le législateur italien ne parle pas de l'exécution des actes de juridiction gracieuse reçus en pays étranger. Du reste, il n'était pas nécessaire qu'il s'en occupât spécialement; il suffisait qu'il eût dit, d'une manière générale, que les formes extrinsèques sont déterminées par les lois du lieu où l'acte a été passé, pourvu que ces lois ne soient pas contraires au droit public italien.

Dès lors, une ordonnance de juridiction gracieuse émanant d'un juge étranger pourra produire *ses effets* en Italie, sauf dans le cas où elle est contraire aux bonnes mœurs ou au droit public italien.

---

(1) Fœlix, t. II, n° 451; Martens, *Droit des gens moderne de l'Europe*, § 93; — Klüber, *Droit des gens moderne de l'Europe*, § 57; — Rocco, *cit.*, liv. 2, ch. XXXVIII.

(2) Gluck, *Commentaire des Pandectes*, t. III, § 193.

Mais on ne doit point confondre les *effets* d'un acte avec la *force
exécutoire* qui y est attachée. Même les jugements émanant de la
juridiction contentieuse des autorités judiciaires étrangères sont
efficaces, c'est-à-dire peuvent être produits devant les tribunaux
comme un titre légal, sans qu'il soit nécessaire de les soumettre à
une instance en *délibation*, qui est uniquement requise pour rendre
ces jugements exécutoires, pour qu'en d'autres termes ils constituent un titre suffisant pour procéder à des actes d'exécution sur les
biens du débiteur (Voir *supra*, § 128).

181. Toutefois, les ordonnances de juridiction gracieuse ne peuvent point rentrer dans la catégorie des jugements prévus par l'article 941 du Code de procédure civile. Les tribunaux en les rendant
exercent, en effet, plutôt un acte d'autorité tutélaire que de pouvoir judiciaire, et elles rentrent dans la catégorie des actes prévus
par l'article 941. Dès lors, l'exécution de ces ordonnances aura lieu
aux termes de ce même article, que nous avons analysé précédemment (Voir *supra*, §§ 169-172). C'est là une opinion admise d'une
façon unanime en doctrine (1) et en jurisprudence. Aussi a-t-il été
décidé que la demande en *exequatur* doit être poursuivie, non pas
devant la Cour d'appel, mais devant le tribunal civil du lieu où l'ordonnance doit être exécutée. C'est en ce sens que sont prononcées
les Cours d'appel de Brescia et de Lucques, dans leurs arrêts des
11 juillet 1865, 5 juillet 1875 et 21 mars 1878 (2).

182. Le tribunal civil devra examiner si l'autorité dont émane
l'ordonnance est compétente pour la rendre aux termes des lois du
pays où elle exerce sa juridiction et si elle a observé les formalités
prescrites par ces lois. Comme il ne peut y avoir lieu, en matière
de juridiction gracieuse, d'examiner s'il y a eu une citation régulière, si les parties ont été légalement représentées ou ont fait légalement défaut, le tribunal devra en dernier lieu borner son examen
à constater si l'ordonnance dont on demande l'*exequatur* ne porte
atteinte ni à l'ordre public ni au droit public interne. Supposons,
par exemple, que l'ordonnance étrangère autorise la légitimation

---

(1) Borsari, *Codice di procedura civile*, art. 944 ; Esperson, *Il prin-
cipio di nazionalità applicato alle relazioni civili internazionali*,
ch. X, § 57, p. 198 ; — Ricci, *Codice di Procedura civile*, t. III, p. 530;
— Saredo, *Dei procedimenti in camera di consiglio*, n° 456; — De
Rossi, cit., p. 166 ; — Fiore, *Effetti internazionali delle sentenze
e degli atti*, § 169, p. 226.

(2) *Monitore dei tribunali* de Milan, 1866, p. 1147; — *Annali*, 1875,
2e partie, p. 313; 1878, 3e partie, p. 109.

d'enfants adultérins, et que ceux-ci demandent l'*exequatur* de cette ordonnance en Italie, pour venir comme héritiers dans la succession de leur père qui est ouverte; il est certain que le tribunal italien devrait refuser l'*exequatur*, pour se conformer à la disposition du Code civil italien qui prohibe une semblable légitimation (1), disposition qui est d'ordre public et qui a aussi pour objet de protéger les bonnes mœurs.

Comme la plus grande partie des actes de juridiction gracieuse concerne l'état, la capacité personnelle et les rapports de famille, puisque tel est le caractère des mesures de ce genre auxquelles donnent lieu la puissance paternelle, la tutelle, l'adoption, l'absence, dans l'examen de ces actes, les magistrats italiens devront, sauf l'exception que nous venons d'indiquer, pour en apprécier la validité, se référer à la loi nationale de la personne que concerne l'acte dont on demande l'exécution.

183. *Commissions rogatoires*. — Quelquefois, au cours d'une instance civile, il y a lieu d'ordonner des actes d'instruction, par exemple, des interrogatoires, des enquêtes, des expertises, etc., qui doivent avoir lieu à l'étranger, parce que les parties, les témoins, ou les objets faisant l'objet de l'expertise ne se trouvent pas au lieu du litige, mais à l'étranger. De là, l'usage des *commissions rogatoires*, consistant dans la prière que les juges d'un État adressent à ceux d'un autre État, pour que ceux-ci exécutent sur le territoire soumis à leur juridiction l'acte d'instruction nécessaire pour la solution du procès.

Aux termes de l'article 945 du Code de procédure civile italien, « les sentences et les actes des autorités judiciaires étrangères « concernant les auditions de témoins, les expertises, les serments, « les interrogatoires ou autres actes d'instruction à exécuter dans « le royaume, sont rendus exécutoires par simple décret de la Cou « d'appel du lieu où ces actes doivent être accomplis. »

Dès lors, pour l'exécution des commissions rogatoires étrangères il n'est pas besoin d'une instance en *délibation*, et l'autorité compétente pour les admettre est toujours la Cour d'appel du lieu où ces commissions doivent être exécutées.

La procédure nécessaire pour obtenir cette exécution n'est pas contentieuse, car un simple décret de la Cour d'appel suffit. En effet, aux termes de l'article 50 du Code de procédure civile italien sont qualifiés *décrets* les décisions de l'autorité judiciaire rendues *sur le recours d'une partie sans citation de l'autre*.

Mais, du fait que la loi n'exige qu'un simple décret, il ne résulte point que cela se réduise à une simple formalité, de telle sorte que l'exécution de cet acte d'instruction doive être toujours ordonnée. En effet, aux termes de l'article 12 des dispositions préliminaires du Code civil italien, si le juge étranger ordonnait la preuve de contrats contraires au droit public italien, par exemple, de conventions qui doivent recevoir leur exécution en Italie sur des marchandises dont le gouvernement a le monopole, la Cour d'appel ne pourrait pas admettre l'exécution de cette décision.

Le premier alinéa de l'article 945 est ainsi conçu : « Si l'exécution est demandée directement par les parties intéressées, l'instance s'introduit par un recours à la Cour, et l'on joint une copie authentique de la sentence ou de la décision qui ordonne les actes requis. » Le second alinéa s'exprime ainsi : « Si l'exécution est demandée par l'autorité judiciaire étrangère elle-même, la requête doit être transmise par la voie diplomatique, sans nécessité d'y unir la copie de la sentence ou de la décision. »

Dès lors, dans la première hypothèse, s'il s'agit d'une simple procédure de juridiction gracieuse, la partie intéressée à l'exécution de la mesure ordonnée par le juge étranger introduit devant la Cour d'appel une instance dans les formes d'un recours, en se conformant aux prescriptions de l'article 50 du Code de procédure civile, aux termes desquelles le recours doit être signé par un avoué ou un avocat exerçant devant cette Cour. Dans la seconde hypothèse, la requête doit être transmise directement par le tribunal étranger à la Cour italienne ; mais cette transmission doit se faire par l'entremise des ministres de la justice et des affaires étrangères des deux pays.

Le dernier alinéa de l'article 945 est ainsi conçu : « La Cour délibère en *Chambre du Conseil*, après avoir entendu le ministère public. Si elle permet l'exécution, elle confie les actes requis à l'autorité judiciaire ou au fonctionnaire de cette autorité qui a la faculté de les recevoir ou de les faire exécuter. »

Ainsi, c'est en *Chambre du Conseil*, c'est-à-dire en audience non publique, que la Cour délibère, hors de la présence des parties, qui n'est pas requise par la loi. Dès lors, tandis que pour ordonner l'exécution des sentences définitives étrangères, on exige une instance *contradictoire*, au contraire pour les mesures d'instruction on n'exige qu'un acte de juridiction gracieuse. Il en résulte que la loi du 28 novembre 1875, dont nous avons parlé précédemment (voir § 139), ayant conservé l'intervention du ministère public dans les affaires de juridiction *gracieuse*, ses conclusions, qui ne sont plus obligatoires dans les instances en *délibation* relatives à des sentences étrangères définitives, continuent d'être nécessaires lorsque la Cour procède en Chambre du Conseil pour délibérer sur l'exécution de mesures d'instruction (1).

184. Aux termes de l'article 946, « Lorsque la requête est faite « par voie diplomatique, et que la partie intéressée n'a constitué « aucun avoué qui poursuive l'exécution des actes indiqués dans « l'article précédent, les mesures, les citations et notifications né- « cessaires pour les accomplir sont faites et ordonnées *d'office* par « l'autorité judiciaire qui les accomplit. Si les actes requis exigent, « par des circonstances spéciales les diligences de la partie intéres- « sée, ladite autorité judiciaire peut nommer *d'office* un avoué qui « la représente. »

Dans certains cas, la présence des parties intéressées à l'acte d'instruction est nécessaire, comme par exemple dans le cas où il s'agit de répondre à un interrogatoire ou de prêter un serment li- tisdécisoire ; dans d'autres cas, cette présence n'est point nécessaire, mais est permise dans leur intérêt. Dans ces deux cas, le même ar- ticle dispose que, « le décret qui établit le jour où l'on procédera à « l'acte lui-même est notifié, par simple billet par voie d'huissier, « aux parties dont la résidence dans le royaume est connue. Copie « du décret est transmise par voie diplomatique à l'autorité étran- « gère, afin que les autres parties en soient averties. »

Rien n'a été établi relativement au mode d'exécution des commis- sions rogatoires étrangères. La règle générale, dont nous parlerons plus loin, et qui a été consacrée par le dernier alinéa de l'art. 10 des dispositions préliminaires du Code civil italien, est que : « Les « modes d'exécution sont réglés par la loi du lieu où l'on procède à « l'exécution. » Dès lors, les tribunaux italiens, pour l'audition des témoins et pour les autres actes d'instruction requis par les auto- rités judiciaires étrangères devront se conformer aux règles tracées par le Code de procédure civile italien. Ce serait, du reste, une sin- gulière prétention que de soutenir que les juges devraient, dans l'ac- complissement d'un acte d'instruction, se conformer aux dispositions des lois étrangères.

185. L'article 947 dispose que : « lorsqu'il s'agit de citations à « comparaître devant des autorités étrangères, ou de simples noti- « fications d'actes provenant d'un pays étranger, la permission est « donnée par le ministère public près la Cour ou le Tribunal, dans « la juridiction duquel la citation ou la notification doit être exé- « cutée. » En raison de la moindre importance de ces actes, la loi n'exige point pour leur exécution l'autorisation de la Cour d'ap-

----

(1) Mattirolo, *cit.*, t. VI, n° 835.

pel; mais elle se contente de celle du ministère public. Le même
article 947 contient la disposition suivante : « Si elles ont été re-
« quises par voie diplomatique, les citations ou notifications sont
« confiées directement par le ministère public à un huissier. »

186. L'ingérence des magistrats nationaux dans l'instruction
d'un procès qui se plaide à l'étranger ne dispense pas de la nécessité de l'instance en délibation, lorsqu'il s'agit d'exécuter en Italie
le jugement définitif. Cela est expressément dit dans l'article 948 du
Code de procédure civile italien, et fort justement. Autre chose est
en effet l'autorisation nécessaire pour l'exécution d'un acte de simple
instruction ordonné par un juge étranger, et la force exécutoire accordée à une sentence définitive rendue par une autorité judiciaire
étrangère. En effet, cette sentence peut se trouver en conflit avec
l'ordre public ou avec le droit public italien. De plus, en accordant
l'*exequatur* à un jugement qui ordonne un acte d'instruction, la Cour
d'appel n'examine point si la citation introductive d'instance a été
régulière, si les parties ont été régulièrement représentées ou ont
fait régulièrement défaut ; tandis que, lorsqu'il s'agit de rendre exécutoire le jugement définitif, elle ne peut se dispenser d'un tel
examen. Il faut dire en outre, que la Cour compétente pour ordonner l'exécution des actes d'instruction, peut bien ne pas être la même
que celle qui est appelée à examiner le jugement définitif. C'est ce
qui arriverait, par exemple, s'il s'agissait d'entendre des témoins à
Milan, tandis que les biens sur lesquels il s'agirait de faire exécuter le jugement se trouveraient situés à Rome. D'autre part, la
procédure à suivre pour obtenir l'exécution du jugement est différente, suivant qu'il s'agit de l'exécution d'une mesure d'instruction
ou d'un jugement définitif (1).

187. Aux termes de l'article 949 du Code de procédure civile italien, « La force exécutoire donnée aux termes des articles 941, 942,
« 943, 944, 945, 946 et 947 par une Cour d'appel, par un tribunal
« civil ou par le ministère public, est valable pour poursuivre l'exé-
« cution, même dans d'autres juridictions. »

188. Les dispositions que nous avons examinées jusqu'ici se rapportent aux commissions rogatoires adressées par des tribunaux
étrangers aux tribunaux italiens. Quant à celles qui sont adressées
par les tribunaux italiens aux tribunaux étrangers, elles sont régies
par l'article 208, 2me alinéa du Code de procédure civile italien, ainsi
conçu : « Si la preuve doit être faite hors du royaume, la demande
« doit en être faite dans *les formes établies par le droit interna-*

____

(1) Mattirolo, n° 840.

« *tional.* » Les formes auxquelles fait allusion cet article sont les formes diplomatiques. En d'autres termes la commission rogatoire ne peut être adressée directement de tribunal à tribunal: elle doit être transmise par les ministres de la justice et des affaires étrangères des deux pays, aussi bien quand il s'agit d'une commission adressée dans un pays étranger que d'une commission adressée d'un pays étranger.

189. *Traités internationaux en matière de commissions rogatoires et transmission d'actes de procédure.* — Toutefois, en cette matière, aux termes de l'article 950 du Code de procédure civile italien, que nous avons examiné plus haut, tout est subordonné aux dispositions des traités internationaux. Aussi, après avoir examiné les dispositions de ces traités relatives à l'exécution des jugements définitifs, est-il nécessaire d'indiquer celles qui se rapportent à l'exécution des jugements préparatoires.

La déclaration échangée à Vienne et à Florence les 21 juin et 11 juillet 1865 entre les gouvernements autrichien et italien admettait la correspondance directe entre les autorités judiciaires dépendantes des tribunaux d'appel d'Insprück, de Trieste et de Zara et celles dépendantes des Cours d'appel de Venise, Brescia et Milan, pour les commissions rogatoires en matière civile, à l'exception toutefois de celles relatives à l'audition des témoins. Ces dernières commissions devaient être transmises exactement, sans passer par la voie diplomatique, au tribunal supérieur dans le ressort duquel elles devaient être exécutées et devaient être retournées directement aux autorités dont elles émanaient (1).

Les 30 mai et 12 juillet 1872, le gouvernement des royaumes et des provinces unies de la Monarchie austro-hongroise représentés au Reichsrath et le gouvernement italien échangèrent une autre déclaration dans le but de faciliter et de simplifier la correspondance entre les autorités judiciaires des deux États. Aux termes de cet acte, la correspondance *directe* entre toutes les autorités judiciaires d'Italie et les tribunaux des royaumes et provinces de la Monarchie autro-hongroise représentés au Reichsrath fut autorisée pour toutes les commissions rogatoires tant en matière civile qu'en matière commerciale (et qu'en matière pénale), qui ont trait aux citations et aux investigations, aux remises d'actes judiciaires, aux interrogatoires, aux prestations de serment, aux déclarations

____

(1) Raccolta, *cit.*, t. II, p. 301.

à recevoir, aux auditions de témoins, aux expertises ou autres actes de la procédure d'instruction (1).

Il n'est dès lors pas nécessaire de se servir de l'intermédiaire de la diplomatie. Toutefois, les commissions rogatoires doivent être adressées par l'autorité judiciaire supérieure, dont dépend le tribunal dont elles émanent, à l'autorité judiciaire supérieure compétente pour la faire exécuter (2). Il appartient à cette autorité supérieure d'ordonner l'exécution et de retourner ensuite la commission exécutée à l'autorité supérieure qui la lui a transmise.

Cette correspondance directe a été aussi autorisée pour les commissions rogatoires dans la procédure de *délibation*, qui doit précéder l'exécution des jugements définitifs ou celle des jugements ordonnant des garanties provisoires.

Il a été établi que les tribunaux supérieurs italiens et que les tribunaux supérieurs des provinces autrichiennes représentés au Reichsrath doivent se servir pour l'envoi et l'exécution des commissions rogatoires de la langue italienne ou de la langue allemande.

Pour ce qui est de la correspondance entre les autorités judiciaires italiennes dépendantes des Cours d'appel de Milan, de Brescia et de Venise et des autorités judiciaires autrichiennes dépendantes des tribunaux supérieurs de Trieste, d'Inspruck et de Zara, il a été disposé que ces autorités continueraient à pouvoir correspondre directement entre elles en se servant de la langue italienne, dans toutes les matières civiles et commerciales précé-

---

(1) Sont représentés au Reichsrath l'Autriche supérieure et inférieure, la province de Salzbourg, la Styrie, la Carinthie, Goritz, Gradiska, l'Istrie et Trieste (littoral), le Tyrol et le Voralberg, la Bohême, la Moravie, la Silésie autrichienne, la Galicie et la Bukovine, la Dalmatie.

Ne sont pas représentés au Reichsrath les pays dépendant de la monarchie hongroise, c'est-à-dire la Hongrie, la Transylvanie, la Croatie, l'Esclavonie et les confins militaires. (Voir la circulaire du ministre de la justice d'Italie du 7 septembre 1872.)

Dès lors la correspondance directe n'est pas admise entre les tribunaux italiens et les tribunaux de ces derniers pays, en d'autres termes on doit recourir à la voie diplomatique pour la transmission des commissions rogatoires échangées entre les tribunaux italiens et les tribunaux de ces pays et réciproquement.

(2) En Italie l'autorité judiciaire supérieure est la Cour d'appel. En Autriche c'est le tribunal d'appel.

demment déterminées, sans être tenues de recourir à l'intervention des autorités supérieures.

Il fut en outre établi, aux termes de la même déclaration, que les frais occasionnés par les procédures de *délibation*, et que ceux dont le gouvernement requis aura fait l'avance pour l'audition des témoins et pour les honoraires des experts, ou pour des visites sur les lieux, à la suite d'une commission rogatoire en matière civile, resteront à la charge des parties intéressées (1).

Les 11 et 27 avril 1875, il est intervenu entre l'Italie et l'Autriche-Hongrie une autre déclaration, aux termes de laquelle il a été établi qu'il serait donné cours, par les autorités judiciaires compétentes des deux pays aux commissions rogatoires et autres pièces judiciaires qui leur seraient transmises, tant en matière civile qu'en matière pénale par les autorités judiciaires d'un des deux pays contractants, même lorsque les documents en question ne seraient accompagnés d'aucune traduction. Dans le cas où cette traduction serait nécessaire, elle serait faite par les soins et aux frais du gouvernement dont dépend l'autorité judiciaire à laquelle sont adressés les documents. Tous remboursements de frais et toute comptabilité à ce sujet sont par là-même supprimés (2).

Il est toutefois entendu, ajoute cette déclaration, que les commissions rogatoires et autres pièces émanant des autorités austro-hongroises près desquelles la langue italienne est la langue officielle continueront à être expédiées dans cette langue (3).

190. De même, aux termes de la convention de bon voisinage entre l'Italie et la République de Saint-Marin, les autorités judiciaires des deux États correspondent directement entre elles pour tout ce qui a trait aux commissions rogatoires en matière civile et

---

(1) Raccolta, cit., t. IV, p. 318.

(2) Tout en admettant l'obligation de la traduction de la part du gouvernement requis, le ministre des grâces et de la justice du royaume d'Italie, n'a pu se dissimuler les difficultés qu'en certains lieux les autorités judiciaires italiennes rencontraient pour faire traduire les documents en langue hongroise. Aussi a-t-il décidé, de concert avec le ministre des affaires étrangères que les traductions de ces documents se feraient par les soins de la légation italienne près du gouvernement austro-hongrois, de manière que les autorités judiciaires italiennes, en recevant le texte des commissions rogatoires y trouvent jointe la traduction. (Circulaire du ministre des grâces et de la justice du 30 mai 1875; voir *Collezione celerifera delle leggi e decreti del Regno d'Italia*, p. 601.)

(3) Raccolta, cit., t. V, p. 287.

commerciale, ayant pour objet les citations, les notifications et remises d'actes, les serments, les interrogatoires, les déclarations, les auditions de témoins, les expertises et autres actes d'instruction ou se rapportant aux mesures pour l'exécution des jugements, ou aux garanties provisoires (1).

191. La convention entre l'Italie et le grand duché de Bade du 23 janvier 1868 établit que les deux gouvernements contractants s'engageaient à faire remettre les significations ou citations judiciaires et à faire exécuter les commissions rogatoires en matière civile par leurs autorités respectives, pourvu que les lois des deux pays ne s'y opposent pas. Les reçus des significations et des citations seront réciproquement délivrés s'ils sont requis. Les significations, citations et commissions rogatoires seront transmises par la voie diplomatique. Les frais occasionnés par une telle transmission ou par l'exécution des commissions rogatoires seront à la charge de l'État requis (2).

192. La déclaration échangée les 21 juin et 3 juillet 1874, entre l'Italie et la Russie, est conforme à cette convention. Toutefois, on y stipule l'obligation d'accompagner les significations ou citations judiciaires et les commissions rogatoires d'une traduction française, et de désigner, d'une façon précise, le lieu de séjour du destinataire (3).

193. Aux termes des notes échangées les   et 28 juin 1866 entre le ministre des affaires étrangères d'Italie et le ministre de France à Florence, il a été convenu que les notifications des actes judiciaires destinés à des individus domiciliés   Italie ou en France, qui dans l'usage avaient lieu par voie diplomatique, se feraient directement par l'entremise des consuls des deux pays (4).

194. Aux termes des notes échangées les 21 et 13/25 juillet 1873 entre le représentant italien à Bucharest et le ministre des affaires étrangères de Roumanie, pour éviter les inconvénients dérivant des retards inhérents à la transmission des actes judiciaires par la voie diplomatique, par suite de la difficulté de la traduction de ces actes en langue italienne ou roumaine, traduction du reste très difficile par suite du peu de diffusion de la connaissance de ces deux langues dans les deux pays, ce qui donne lieu souvent à des interprétations erronées des actes, on doit joindre à la transmission de l'acte une tra-

(1) Raccolta, cit., t. V, p. 303.
(2) Raccolta, cit., t. III, p. 2.
(3) Raccolta, cit., t. V, p. 161.
(4) Raccolta, cit., t. IV, p. 373.

duction française. Les deux gouvernements admettent réciproquement les actes traduits en cette langue, et se chargent de les traduire en la langue du pays, dans le cas où leurs lois judiciaires prohibent la notification d'un acte quelconque en langue étrangère (1).

195. *L'exécution des jugements étrangers est réglée par la loi italienne.* — Quand le jugement étranger ou l'acte authentique reçu en pays étranger ont été déclarés exécutoires, les modes d'exécution en sont réglés par la loi du pays où ils sont exécutés. Ce principe a été consacré, ainsi que nous l'avons dit précédemment, par le dernier alinéa de l'article 10 des dispositions préliminaires du Code civil italien. L'instance en *délibation* est en effet une instance extraordinaire, qui n'a d'autre but que d'attribuer la force exécutoire en Italie aúx jugements ou aux actes étrangers. Après que la cour d'appel ou le tribunal civil ont statué à ce sujet et ont accordé la force exécutoire demandée, le titre étranger est assimilé au titre national, par suite de la nationalité qui lui est en quelque sorte conférée par le jugement d'*exequatur* rendu par les juges nationaux. Ce jugement rendu, on rentre dans le domaine de l'exécution, qui ne peut être régi que par les dispositions en vigueur dans le pays où cette exécution a lieu. Ces dispositions étant d'ordre public, on ne pourrait pas y déroger par la seule raison que le jugement a été rendu ou l'acte reçu en pays étranger.

C'est dès lors aux termes de la loi du lieu où l'exécution aura lieu que seront réglées les formes d'après lesquelles cette exécution devra être demandée, et celles qui doivent l'accompagner, aussi bien que les moyens coercitifs qui peuvent être employés, soit qu'il s'agisse d'exproprier le débiteur de ses biens meubles ou de ses immeubles, soit qu'il s'agisse de procéder contre sa personne, quelle que soit du reste la nationalité à laquelle il appartienne.

Ainsi, par exemple, le créancier ne pourrait pas faire usage en Italie de la contrainte par corps pour l'exécution d'un acte ou d'un jugement étrangers, sauf dans les cas où cette voie d'exécution est admise par la législation italienne, encore bien que dans le pays d'où ces documents émanent la contrainte par corps soit admise d'une façon illimitée.

---

(1) Raccolta, *cit.*, t. V, p. 90.

Paris. — A. PARENT, imp. de la Fac. de médec., A. DAVY, successeur, 52, rue Madame et rue M.-le-Prince, 14.

Le *Journal du Droit International privé* publié avec le concours de plusieurs jurisconsultes français et étrangers, par M. CLUNET, avocat à la Cour de Paris, paraît tous les *deux mois* par livraison de six à huit feuilles in-8°, et forme, à la fin de l'année, un fort volume avec cinq tables: Table des articles, analytique, chronologique, des noms des parties et bibliographique.

Tout ce qui concerne l'*Administration* et les *Abonnements* doit être adressé à MM. MARCHAL et BILLARD, éditeurs-gérants, 27, place Dauphine, à Paris.

PRIX DE L'ABONNEMENT POUR UN AN :

FRANCE et COLONIES : 15 fr.

ALLEMAGNE : 12 Mark.

ANGLETERRE : 12s. 6d.

PAYS (faisant partie de l'Union postale) : 15 fr.

PAYS (ne faisant pas partie de l'Union postale) : 15 fr. et le port en sus.

Collection : 10 vol. in-8 avec tables (1874-1883) sont en vente.

Les années 1874 et 1875 (très-rares); 1876 presque épuisée.

On s'abonne directement chez MM. Marchal et Billard, 27, place Dauphine, à Paris.

CORRESPONDANTS DU JOURNAL :

ALLEMAGNE. AUTRICHE-HONGRIE. SUISSE (langue allemande). } Puttkammer et Mülbrecht à *Berlin*.

ANGLETERRE; *Londres :* Stevens et sons.

BELGIQUE; *Bruxelles :* Decq et Duhent.

DANEMARK; *Copenhague :* Höst.

ESPAGNE; *Madrid :* Bailly-Baillière.

HOLLANDE; *La Haye :* Belinfante frères.

ITALIE; *Rome, Florence et Turin :* Bocca frères.

PORTUGAL; *Lisbonne :* Silva junior.

ROUMANIE; *Bucharest :* Ulrich.

RUSSIE; *St-Pétersbourg :* Librairie de la Cour.

SUÈDE et NORVÉGE; *Stockholm :* Bonnier.

SUISSE (langue française); *Genève :* Cherbuliez.

TURQUIE; *Constantinople :* Depasta frères.

ÉGYPTE; *Alexandrie :* M. de la Pommeraye, avocat.

ÉTATS-UNIS; *New-York :* Christer. — *Philadelphie :* Penington et fils. — *Boston :* Little, Brown et Cie. — *San Francisco :* Payot — *Nouvelle-Orléans :* Chol (A.).

CANADA; *Montréal :* Dawson frères.

MEXIQUE; *Mexico :* Bouret et fils.

CUBA; *La Havane :* Barandiaran.

VENEZUELA; *Caracas :* Rojas frères.

BRÉSIL; *Rio-Janeiro :* Laemmert.

RÉPUBLIQUE ARGENTINE; *Buenos-Ayres :* Lajouane.

URUGUAY; *Montevideo :* Ybara.

CHILI; *Valparaiso et Santiago :* A. Raymond.

PÉROU; *Lima :* Abadie.

INDES; *Calcutta et Bombay :* Tacker, Winning et Cie.

ILE DE LA RÉUNION; *St-Denis :* Librairie nouvelle.

MAURICE; *Port-Louis :* Dardenne.

AUSTRALIE; *Melbourne :* O. Robertson.

Et chez les principaux Libraires de France et de l'Étranger.

Paris. — A. PARENT, imp. de la Fac. de médec., A. DAVY, successeur, 52, rue Madame et rue M.-le-Prince, 14.

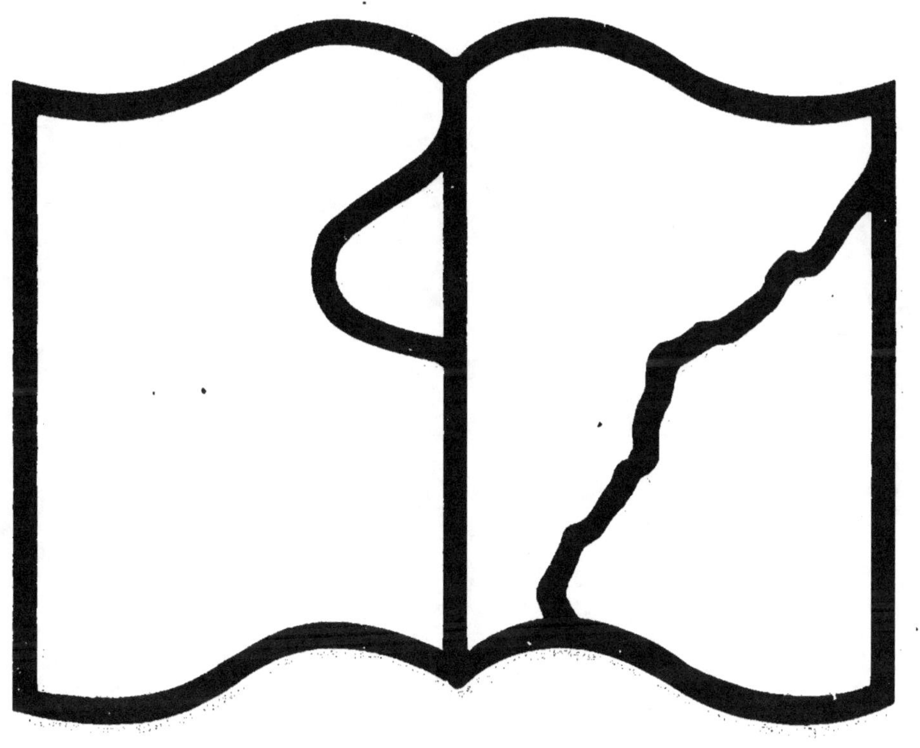

Texte détérioré — reliure défectueuse

NF Z 43-120-11